Entwurzelt

Die Geschichte einer Auswanderin

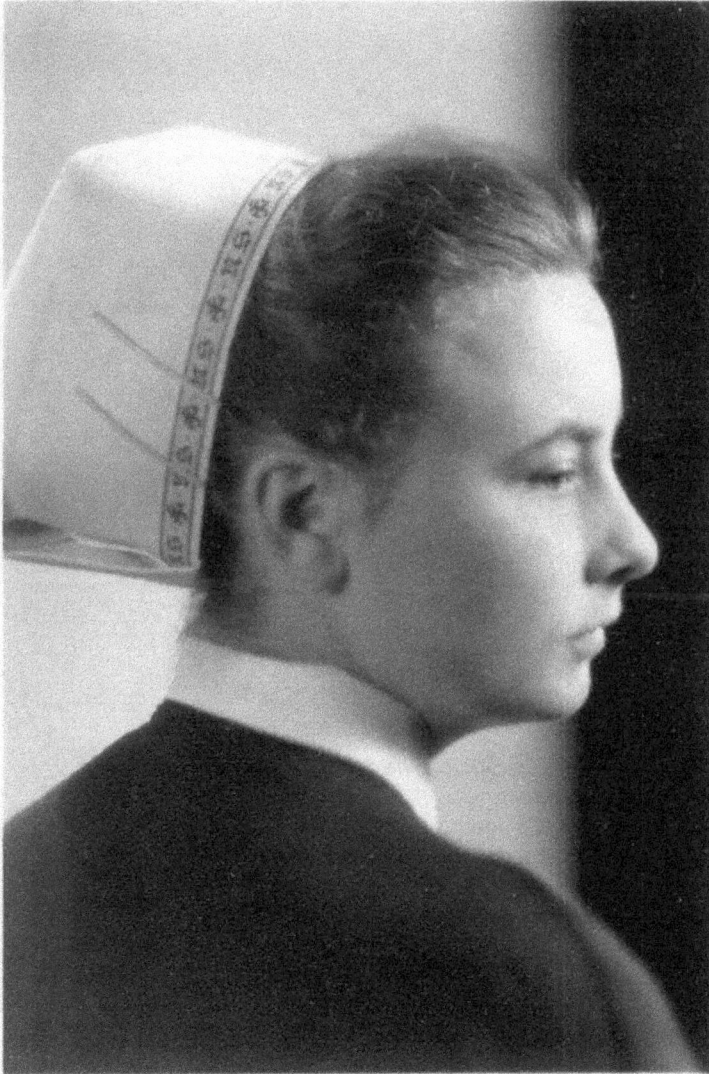

von Adelheid Holthuis

Adelheid Holthuis

Sie können die Autorin über heidi@fuith.com kontaktieren.

Zuerst 2017 erschienen als *Uprooted: The Story of an Immigrant*
Übersetzung: Adelheid Holthuis
Bearbeitung: Timo Härtel, Villingen (timohaertel@web.de)
Umschlaggestaltung: Christopher Harris, Austin, Texas

Herausgegeben von Woodhouse Books, San Antonio, Texas

Entwurzelt

"Give me your tired, your poor,
Your huddled masses yearning to breathe free,
The wretched refuse of your teeming shore.
Send these, the homeless, tempest-tossed to me,
I lift my lamp beside the golden door!"

„Gebt mir eure Müden, eure Armen,
Eure geknechteten Massen, die frei zu atmen begehren,
Den elenden Unrat eurer gedrängten Küsten;
Schickt sie mir, die Heimatlosen, vom Sturme Getriebenen,
Hoch halt' ich mein Licht am gold'nen Tore!"

Emma Lazarus, 1883
Der Text befindet sich im
Inneren des Podestes der
Freiheitsstatue in New York

Adelheid Holthuis

Dort in der Ferne
blüht das Glück,
Lebt wohl! denkt oft
an uns zurück!

abgebildet im Museum "Abschied nach Amerika", Cuxhaven

Entwurzelt

gewidmet meiner Mutter
Gerda Holthuis

Vorwort

Erst die Fremde lehrt uns, was wir an der

Heimat besitzen

(Theodor Fontane)

Als hätte Theodor Fontane für einen Moment nicht seine Mark Brandenburg, sondern vielmehr die Grafschaft Bentheim und besonders die Familien Holthuis bzw. Jeuring im Blick gehabt – so treffend wirkt das obige Zitat am Anfang dieses Buchs. Adelheid Holthuis Denz schildert den wechselhaften Weg ihrer Familie zwischen zwei Welten. Die alte Grafschaft, tief im Nordwesten Deutschlands, und die „Neue Welt" Amerika, am anderen Ende des Atlantiks, sind die Handlungsorte; Auswanderung, Sehnsucht, Suche nach dem eigenen „Stand-Punkt", das prägte die Protagonisten dieser packenden Schilderung. Über drei Generationen spannt die Autorin einen Bogen und legt die Geschichte ihrer Angehörigen dar, deren Leben oft unvermutete Wendungen nahm und sie zwischen hier und dort immer wieder hin- und her riss. Adelheid Holthuis-Denz zeigt ihre eigene Familiengeschichte vor dem Hintergrund der weltgeschichtlichen Ereignisse des 20. Jahrhunderts auf.

Heimat - dieses Wort ist heute, in einer Zeit des schneller werdenden Wandels, immer öfter auf der

Tagesordnung. Vom einen verachtet, vom anderen idealisiert, lässt der Begriff niemanden unberührt. Sind feste Wurzeln in einer globalisierten Welt noch zeitgemäß? Ist eine feste Verbindung mit dem eigenen Teil unserer Erde vielleicht sogar unerlässlich? Möchte man die im Folgenden geschilderte Entwurzelung für sich selbst zulassen? Die Antworten darauf muss jeder für sich finden. Die Auseinandersetzung mit der eigenen Identität gelingt aber nicht von allein. Denkanstöße sind nötig, um die eigene Position ausleuchten zu können. Adelheid Holthuis Denz liefert mit der Geschichte ihrer Familie solche wichtigen Anregungen. Soviel sei vorweg verraten: Am Ende wird für den Leser ein persönlicher Gewinn stehen. Wer sich auf diese Reise begeben möchte, dem sei das vorliegende Buch empfohlen. Zugleich noch, vielleicht tatsächlich aus Liebe zur eigenen Heimat, die Geschichte der Grafschaft Bentheim und ihrer Menschen in früherer Zeit kennenzulernen, macht die Lektüre umso spannender.

Christian Lonnemann

Kreis- und Kommunalarchivar

Landkreis Grafschaft Bentheim

Adelheid Holthuis

Ostmühle auf dem Mühlenberg in Gildehaus

Prolog

"Wir hätten nie herkommen sollen!" beklagte sich meine Tante am Telefon. Unser Gespräch gipfelte in diesem Ausbruch.

Mein Onkel war erst vor einem Monat gestorben. Sie war einsam und verstört, eine Achtzigjährige, die 60 Jahre verheiratet gewesen war.

Meine Tante, ich nannte sie Tante Jeanette, saß alleine in ihrer neueren Eigentumswohnung in Holland Michigan. Sie und ihr Mann hatten sie gekauft um das Leben als Rentner einfacher zu gestalten. Sie waren weder für die Instandhaltung des Gebäudes noch des Grundstückes zuständig. Aber wen interessierte das jetzt? Ihr Mann fehlte ihr.

Mit wem konnte sie reden? Wohin könnte sie gehen um der Einsamkeit zu entkommen? Sie hatte keinen Führerschein und war an ihr Haus gebunden wie ein Vogel in einem Käfig.

Wie sollte es von nun an weitergehen?... ein Leben voller Einsamkeit - ihren Kindern eine Belastung? Sollte so die Erfüllung ihrer Träume aussehen nach 50 Jahren harter Arbeit? Sollten sich die letzten Jahre, die "goldenen" Jahre ihres Lebens, im Land des Überflusses so entfalten?

Ich wurde betrübt als ich ihr zuhörte und von einem Gefühl der Leere befallen.

Meine Tante äußerte, was ich früher nur zu denken gewagt hatte, um vorzubeugen, dass mir Undankbarkeit vorgeworfen würde. Könnte es sein, dass dieses Land mit seinen unbegrenzten Möglichkeiten doch nicht der heilige Gral des Auswanderers auf der Suche nach seinem Glück war? Vielleicht besteht Glück nicht in der Ansammlung von Reichtum und Besitztümern. Vielleicht liegt das Glück in etwas Ungreifbarem.

Wieviele Auswanderer haben sich eigentlich diese Fragen gestellt, bevor sie die Reise in die Neue Welt antraten? Hatten sie überhaupt überlegt, was getan werden müsste, um das Glück zu finden? Wie konnten sie das? Sie hatten doch nur vage Vorstellungen von dem, was sie in der neuen Heimat erwarten würde. Ich stelle mir vor, sie befassten sich nur mit der Frage der täglichen Bedürfnisse.

"Ich werde Arbeit finden. Es gibt dort Jobs. Jeder weiß, wie tüchtig Deutsche sind! Wir werden unser Geld sparen und ein Haus kaufen. Unsere Kinder werden studieren und wir werden glücklich sein!"

"Günthers Eltern in Deutschland hatten uns so lieb! Warum haben wir sie verlassen?" klagte meine Tante. "Sowohl Günther und ich, als auch deine Eltern haben jahrelang unser Geld gespart, damit wir alle nach Deutschland zurückziehen könnten."

Das hatte ich gewusst.

Man sagt auf Englisch "Hindsight is 20/20." (Hinterher ist man immer klüger). Aber blickt man in die Zukunft, bleibt die Suche nach dem Glück schwer erfassbar. Man kann nicht wissen, was sein wird. Wie würde das Leben in Amerika für mich armen Auswanderer aussehen? Wird unser Leben so sein wie das der Amerikaner, das in Zeitschriften, im Fernsehen, in den Zeitungen u.s.w. geschildert wird? Als wir uns die schicksalsbestimmenden Fragen des Lebens stellten - wie hätten wir da im Dunkel des Unwissens die richtige Lebensrichtung wählen können? Wie konnten wir sicher sein, dass die Entscheidung, nach Amerika auszuwandern, die richtige sei? Oder haben wir uns zu wenig damit befasst? Wäre es überhaupt möglich, den heiligen Gral des Glücklichseins für alle Auswanderer zu finden?

Und einmal getroffen, können die Entscheidungen, die unsere Lebensrichtung geprägt haben, oft nicht rückgängig gemacht werden. Keiner aus unserer Familie ist zum Bleiben nach Deutschland zurückgekehrt.

*

Dies ist die Geschichte von Gerda Holthuis, einer Auswanderin.

Gerdas Opa und Oma Somberg die auf dem Mühlenberg wohnten

Erster Teil
Gerda und Fritz

Adelheid Holthuis

Es war mitten im 2. Weltkrieg. Der Krieg fegte durch Europa wie ein wildes Feuer und verschlang immer mehr Erde. Er hinterließ undenkbare Verwüstung, Leiden und Tod. Und doch gab es für manche ein paar Momente des Glücks in der immer finsterer werdenden Dunkelheit, die das Land bedeckte.

Es wäre nicht möglich gewesen, dass Gerda Jeuring an diesem langersehnten Tag, dem 10. Oktober 1943, hätte glücklicher sein können. Ihr Herz wurde von einem bitter-süßen Glück überflutet – geradeso wie das kleine Licht einer Kerze, das die Dunkelheit des kriegszerissenen Tages durchdringt.

Heute würde sie heiraten - und zwar den Mann, den sie über alles liebte. Er hieß Fritz Degen, Untersturmführer bei der Waffen-SS, der Nazi Kampftruppe. Von ihrem Elternhaus gingen sie, Arm in Arm, durch das kleine Dorf zum Rathaus, wo sie standesamtlich Mann und Frau werden würden.

Er sah auffallend gut aus (besonders in Uniform; er sah darin viel älter aus, als er eigentlich war), war größer als sie und - am wichtigsten - er betete sein kleines Frauchen an. In den vorhergehenden Monaten hatten die beiden sich nach den kostbaren Momenten, während derer sie zusammen sein durften, gesehnt. Und nichts, nicht einmal der Krieg, konnte ihnen die Erinnerungen ihrer gemeinsamen Zeit nehmen.

Es war Gerda kein bisschen bewusst, dass sie eine natürliche Schönheit war. Ihr Aussehen war kein betrügerisches, geschminktes wie es oft bei den Frauen in großen, dekadenten Städten wie Berlin der Fall war. Sie war nicht glamourös, im Sinne von Unechtsein, sondern das Bezaubernde an ihr lag im Inneren ihres Wesens. So war es auch heute an ihrem Hochzeitstag, dass ihr das Glück aus der Seele herausstrahlte. Ihre hellblauen Augen funkelten. Einfach gesagt, sie war reizend. Außerdem hatte sie generell Stil und ein vornehmes Wesen – Eigenschaften, die mit dem Alter nicht verblassen.

Sie trug das beste Kleid, das sie im Schrank hatte mit einer einzelnen Perlenkette. (Sie machte sich nichts vor. Ein traditionelles, weißes Brautleid war eine Illusion, denn wo bekäme man so etwas in diesem vom Krieg überzogenen Land?) Ihr langes, braunes, etwas welliges Haar war zu einem eleganten Knoten im Nacken zusammengebunden. (Meistens trug sie das Haar so. Doch in seltenen Momenten mit Fritz allein, z.B. in der einsamen Heide, ließ sie es am Rücken herabfallen.)

Gerda war glücklich, noch ein Paar dunkle Strümpfe zu besitzen, die sie vorsichtig anzog, um eine Laufmasche zu vermeiden. Ihre Schuhe glänzten, denn sie hatte sie am frühen Morgen noch energisch geputzt.

Ihrem Mann gelang es, ihr einen wunderschönen Brautstrauß zu präsentieren, der mit langen, rieselnden, weißen Schleifen zusammengebunden war. Und das Wichtigste: es gab zwei goldene Trauringe.

Gerdas kleine Welt, in der sie verweilte, war in diesem Moment heil - so wie sie sie sich immer vorgestellt hatte. Heute gab es keinen Platz für Böses, Leiden und Tod. Sogar die Sonne bescherte dem glücklichen Hochzeitspaar strahlenden Sonnenschein.

Ihr Traum von einem Leben mit Fritz, von einem eigenen

Zuhause und einer Familie würde jetzt wahr werden. In ihrem Glück sang sie:

Niemand liebt Dich so wie ich,
bin auf der Welt ja nur für Dich.
Diese Augen, diese Lippen, sie sind Dein,
mein ganzes Glück bist Du allein!
Alle Himmel öffnen sich,
mein Herz ist Dein, ich liebe Dich!
All mein Leben, all mein Lieben, nimm es hin,
bin Sklavin Dir und Königin!

Text: Paul Knepler und Bela Jenbach
aus der Operette *Paganini*
von Franz Lehar

Gerda und Fritz am Hochzeitstag vor ihrem Elternhaus

Vorm Standesamt in Gildehaus

Dennoch befand sich das junge Paar mittem im Krieg. Krieg hat keine Skrupel, keine Gewissensbisse. Es würde kaum jemand in Europa geben, der seiner gewalttätigen Rache entkommen würde. Und auch Gerda und Fritz blieben vom Krieg nicht unberührt. Dieses kleine Licht, das ihnen heute im Herzen glühte, würde bald erbarmungslos ausgelöscht werden.

*

Gerda hatte bisher kein einfaches Leben. Sie wurde 1923 in Gildehaus, Kreis Bentheim, an der holländischen Grenze geboren. Sie war das dritte von fünf Kindern. Die Familie führte eine bescheidene Existenz.

Ihr Vater, auch Fritz genannt, war Maurer. In den Monaten, in denen das Wetter es zuließ, arbeitete er hart. Aber wenn der erste Frost einkehrte, um den Oktober herum, war die Zeit, in der man mauern konnte, vorbei. In den Wintermonaten konstruierte er korbgeflochtene Stuhlsitze.

Als sie klein war, saß Gerda gerne neben ihm und guckte ihm bei der Arbeit zu. Und oft an einem frostigen Morgen, wenn die Sonne anfing aufzugehen und der Tau auf den Gräsern lag, gingen sie und ihr Vater "Dautrappen" (plattdeutsch) - "Tautreten". Und dann sangen die beiden beim Spazieren. Oft sangen sie ihres Vaters Lieblingslied:

> Ich bin durch die Welt gegangen,
> und die Welt ist schön und groß,
> und doch ziehet mein Verlangen
> mich weit von der Erde los.

Entwurzelt

Ich habe die Menschen gesehen
und sie suchen spät und früh.
Sie schaffen, sie kommen und gehen,
und ihr Leben ist Arbeit und Müh.

Sie suchen, was sie nicht finden,
in Liebe und Ehre und Glück.
Und sie kommen belastet mit Sünden
und unbefriedigt zurück.

Es ist eine Ruh gefunden
Für alle fern und nah;
in des Gotteslammes Wunden,
am Kreuze auf Golgatha.

Text: Eleonore von Reuß

Während ihrer Kindheit baute ihr Vater Fritz draußen einen Vogelkäfig. Es war sein Hobby, wilde Vögel zu fangen und nach Hause mitzunehmen. Folglich gab es in seinem Käfig die schönsten bunten Vögel, u.a. den Buchfink, der sein Lieblingsvogel war. Die Familie erfreute sich an diesen kleinen Naturwundern mit ihrem fröhlichen Gesang.

So wie es nun einmal in der Natur ist, kamen auch gelegentlich Katzen, kletterten am Käfig hoch und versuchten die Füße der Vögel, die sich ans Drahtgitter klammerten, zu fressen. Als Gerda älter wurde, war jeder Anblick einer nach Beute suchenden anschleichenden Katze Anlass für einen Wutausbruch. Mit einem Besen in der Hand entkam keine Katze dieser Furie.

Fritz liebte auch Rosen. Die Umrandung des kleinen Grundstücks verzierte er mit Rosenbögen. Er erweckte in Gerda eine Ehrfurcht für die Natur, Blumen und Vögel. Sowohl ihre Gefühle dafür als auch ihre Emotionen im Algemeinen äußerten sich bei ihr in der Sprache der Musik.

Gerdas Vater im hohen Alter in seinem Vogelkäfig

*

Gerdas Mutter, Fenna geb. Somberg, die schon jahrelang wegen eines Gallenblasenleidens bettlägerig war, hatte Angst sich operieren zu lassen um ihr Leben zu retten. Und dies mit guten Grund, denn in den dreißiger Jahren gab es noch keine Antibiotika. Ergab sich eine Entzündung, folgte sicherlich der Tod.

Fünfmal begleitete Fritz seine Frau bis zu den Stufen vor dem Eingang des Krankenhauses, wo sie sich mit ihrer Unentschlossenheit abquälte. (Stürbe sie auf dem Operationstisch - wer würde sich um ihre fünf kleinen Kinder kümmern?)

Fenna war sehr intelligent, obwohl sie aus einfachen Verhältnissen stammte und keine Möglichkeit gehabt hatte, eine Hochschulbildung zu erlangen. Sie gehörte der kleinen Minderheit an,

die die Nazi-Ideologie und das Böse, das diese Ideologie repräsentierte, durchschaute.

Unter denjenigen, die in der Nazi-Hierarchie im Dorf aufge-
stiegen waren, befand sich der Arzt. Je höher der Rang innerhalb
der Partei war, desto mehr Macht hatte die Person vor Ort. Jedoch nahm Gerdas Mutter keine Rücksicht darauf. Sie machte
keinen Hehl daraus, dass sie die Nationalsozialisten verachtete.
Ihr Arzt, über die öffentlichen negativen Bemerkungen verdutzt,
sagte ihr klipp und klar, er hätte sie schon längst verhaften lassen, wäre sie nicht so chronisch krank.

Fenna starb bevor die Nazis sie aus dem Dorf entfernen
konnten. Manch anderer, der chronisch krank war und keine ma-
kellose arische Rasse darstellte, hatte nicht das Glück, durch einen natürlichen, barmherzigen Tod der Gewaltherrschaft der Nazis zu entkommen. Folglich verschwanden "beeinträchtige" Indi-
viduen nach Belieben. Und oft, nach kaum zwei Tagen, bekamen
die hinterbliebenen Angehörigen im Dorf die Nachricht, dass ihr
Familienmitglied an einer Lungenentzündung gestorben sei.
(Meinten die Nazis wirklich, dass die Dorfbewohner nicht zwei
und zwei zusammenzählen könnten? Sicherlich nicht. Jedoch be-
fürchteten die Dofbewohner Vergeltung und blieben deswegen
still.)

Gerdas Vater war schon im ersten Weltkrieg Soldat gewesen.
Wie seine Frau hegte er keine Sympathie für die Nazis. Er war
schlau und täuschte eine Magenkrankheit vor, damit er nicht in
den Krieg ziehen musste und zuhause bleiben durfte. Da war er
nicht der Einzige. Einer seiner Bekannten befahl seiner Frau, ko-

chendes Wasser auf seine Beine zu schütten, um nicht zur Kriegsfront zurückkehren zu müssen (da so viele die Front nicht überlebten).

Gerda, vorne rechts stehend, mit ihren Schwestern und Oma Jeuring

Fritz hegte auch keine Böswilligkeit den Juden im Dorf gegenüber. Schon seit Generationen gehörten sie zur Gemeinde. Und wenn möglich, half Fritz ihnen.

Er kannte eine Witwe, die einem Juden eine Ziege verkaufen wollte, aber die Vergeltung der Nazis fürchtete. Also brachte Fritz die Ziege in seinen eigenen Stall und traf die Vorkehrungen, dass der Jude, den er sehr gut kannte, nach der Dämmerung die Ziege abholen konnte.

*

Entwurzelt

Und so geschah es, dass Gerda mit 10 Jahren ohne Mutter war. Ihre zwei älteren Schwestern waren schon aus dem Hause. Berndine, 10 Jahre älter als Gerda, hatte geheiratet und war 14 Kilometer nördlich von Gildehaus entfernt nach Nordhorn gezogen. Hermine arbeitete im Haushalt eines reichen Unternehmers im Dorf. Was sie dort erdulden musste, hätte man als Sklavenarbeit bezeichnen können. Der Unternehmer war sich seiner überlegenen sozialen Klasse - und daher seiner Position und Befugnis - sehr wohl bewusst. Infolgedessen übte er seine Macht skrupellos und despotisch aus. Und dagegen konnten sich seine Diener nicht wehren. Die Welt war gnadenlos.

Gerdas Tante Dina (geb. Somberg) nahm sie zu sich. Tante Dina war verheiratet aber kinderlos. Sie und ihr Mann liebten Gerda und wollten sie bei sich behalten. Aber Gerdas Vater liebte sein Kind auch und wollte sie, sobald es möglich war, zurück.

Ungefähr ein Jahr später verheiratete sich Gerdas Vater erneut. Es war mehr eine Vernunftsehe als eine Ehe aus Liebe. Es würde nun jemand da sein, der den Haushalt führte und sich um die drei Kinder, die noch zuhause waren, kümmerte.
Obwohl die zweite Frau keine schlechte Person war, konnte sie weder die Liebe der eigenen Mutter noch Fennas Weisheit und Fürsorge für ihre eigenen Kinder ersetzen. Gerda und ihre Geschwister waren auf sich selbst angewiesen und mussten sich um ihre Bedürfnisse selbst kümmern.

Dies waren die Jahre der Weltwirtschaftskrise und "Die Große Rezession" in Amerika. In Deutschland festigte Hitler seine Macht und das Leben hier war auch nicht einfacher. Die Arbeitslosigkeit grassierte. Lebensmittel und andere Lebensnotwendigkeiten waren knapp.

Fritzens Hauptanliegen war Arbeit als Maurer zu finden und finanziell für seine Familie zu sorgen. Im Winter - sogar in den besten Zeiten - war die Aussicht auf Arbeit wegen des schlechten Wetters nicht gut. Und nun bei der verhängnisvollen Wirtschaftslage war er für jede noch so kleine Arbeit selbst im Sommer dankbar. Folglich war das Kümmern um das seelische Wohl der Kinder ein Luxus, den er ihnen nicht bieten konnte.

Gerda musste alleine erwachsen werden und mit allem, was das mit sich bringt, fertigwerden. Sex war ein Tabuthema; man sprach nicht offen darüber - insbesondere nicht mit einer Jugendlichen. Es gab keine fürsorgliche Person im Haus, an die sie sich hätte wenden könnnen. Wer würde dem jungen Teenager die traumatisierenden Veränderungen, die in ihrem Körper stattfanden, erklären? Wer würde ihr emotional beistehen?

Und so kam es eines Tages, dass sie beliebige Lappen, die sie jeden Monat brauchen würde, zusammensuchte und mit der Nähmaschine ihrer Mutter zusammennähte. Und wenn dann alles unüberwindbar schien und sie sich einsam und verlassen fühlte, saß sie auf der Stufe ihres Vaters Hauses und weinte.

*

Da es niemanden gab, außer gelegentlich ihrer Tante Dina, der ihr beistand und keine Mutter, die die Familie zusammenhielt, war Gerda mehr denn je entschlossen, eine Ausbildung zu machen. Sie wollte sich einer glücklicheren Zukunft versichern, als das, was sie bisher in der Vergangenheit erlebt hatte.

Gerda als Zwölfjährige

Nachdem Gerda die Volksschule in Gildehaus beendet hatte, war sie vom März 1938 bis April 1939 als NS Schwesternvorschülerin und gleichzeitig als Haushaltslehrling im NSV Kindererholungsheim "Waldheim Sandkrug" tätig. Das Heim war sowohl ein Freizeitlager als auch eine Erholungsstätte für kranke Kinder. (Diese Ausbildung war Teil eines von den Nazis konzipierten Parteiprogrammes für Mädchen - "Bund Deutscher Mädel" - das das Gegenstück zur Hitlerjugend darstellte.) Dort betreute Gerda eine Gruppe Kinder und lernte nebenbei Hauswirtschaft, Kochen, Backen, Waschen, Bügeln, Nähen, Ausbessern und politisches Wissen!

In ihrem Zeugnis hieß es, sie sei "aufgeweckt und fröhlich, ...

Gerda beim Bund Deutscher Mädel (BDM)

gewissenhaft und zielbewusst". Die Kinder hatten sie sehr gern wegen ihres liebevollen Gemütes. Und wenn sie froh war, sang sie. Waren die Kinder bei ihr, sangen sie alle zusammen. Sie sangen die ganzen Lieder, die sie von klein auf gelernt hatten - die Lieder, die jeder in Deutschland kannte.

Volkslieder gehören zum Wesen vieler Deutscher – sie sind ein Teil des Kulturgutes. Wie in der Vergangenheit, hört man heute auch noch sowohl Kinder als auch Erwachsene beim Spazieren, Radfahren und sogar bei der Arbeit singen.

Nach dem Ausbildungsjahr im Kinderheim verbrachte Gerda ein zweites Pflichtjahr bei einer wohlhabenden Familie in Bremen. Danach, im Herbst 1940, fing für sie die lang-ersehnte Ausbildung als Krankenschwester in Oldenburg an.

Gerda mit ihrer Kinderschar vor dem Waldheim

Obwohl die Verwirklichung ihres Traumes nun ein Schritt näher lag, wusste sie, dass ihr bis zum Examen entbehrungsreiche Jahre bevorstanden.

Das evangelische Krankenhaus stellte den auszubildenden Schwestern ein Heim zur Verfügung. Sie brauchten keine Gebühren zu zahlen. Trotzdem stand Gerda kaum Geld für andere Lebensbedürfnisse zur Verfügung. Deutschland war im Krieg. Es gab weder Stipendien noch Darlehen. Und ihre Familie konnte sie auch nicht mit Geld unterstützen.

Gerdas Vater war über jeden aufeinander folgenden Monat glücklich, den er die Familie über Wasser halten konnte. Gerda war nun mehr denn je auf sich selbst angewiesen.

Ihrer jüngeren Schwester Hanna, die sie liebevoll "Hanneken" nannte, war Gerda sehr zugetan. Ihre Briefe an Hanna waren fast mütterlich - es sei denn sie war selbst in Not. Bei einem solchen Anlass schrieb Gerda ihrer sechzehnjährigen Schwester in Sütterlin-Schrift:

Oldenburg, den 24.IV.1941

Mein liebes Hanneken!

Was meinst Du wohl, warum ich Dir jetzt schreibe? Es tut mir leid, aber sag keinem etwas davon. Du, Hanneken, hör mal gut zu! Heute kann ich mein Kleid von der Schneiderin holen, wie üblich, - kein Geld. Papa möchte ich vorläufig nicht wieder darum fragen, weil er neulich sagte, daß das bald aufhören müßte. Hast Du wohl etwas für mich? Sieh mal, Hanneken, wir müssen uns doch jetzt gegenseitig etwas helfen. Du willst doch sicher auch nicht, daß ich jetzt abbreche. Nächstes Jahr um diese Zeit verdiene ich ja schon selbst. Ich möchte ja so gerne das Examen machen um dann Schwester zu sein. Sag Papa aber nichts davon!! Wenn Du nichts hast, laß es ruhig. Ich habe mir jetzt was geliehen.

Hanneken, wäre ich doch erst mal ein Jahr weiter. Wenn ich im Sommer Urlaub hab, fahre ich auch für eine Zeit nach Berndine und mach mir meine Sachen in Ordnung. Ich freue mich schon darauf. Hanneken, schreibst Du mir mal gleich ob [Du] es hast oder nicht? Sieh mal zu!! Vor allen Dingen schreib mir, damit ich weiß wo ich dran bin. Wenn ich bald mal Zeit habe, schreibe ich Dir noch viel, viel mehr.

Herzliche Grüße!

Deine Gerdi

Im nächsten Brief an Hanna wird klar, dass Hanna ihr etwas Geld geschickt hatte. Jedoch schuldete Gerda einer anderen Krankenschwester auch Geld, die es jetzt selbst brauchte. Gerda befand sich in einer Zwickmühle. Es gab keinen anderen Ausweg als ihre Stiefmutter um Geld anzuflehen.

An Hanna schrieb sie:

Weißt Du was, jetzt mußte ich doch an Mama schreiben um Geld. Schwester Heidi schickte mir ihre Adresse und wollte gerne das Geld fürs Rad haben. Du glaubst nicht, wie ich da in der Klemme saß. Was sollte ich da anders tun als Mama um etwas bitten. Hoffentlich erzählst Du ihr das heute nicht wenn Du mal hinkommen solltest. Ich bin gespannt, ob Mama mir wohl was schickt. Hoffentlich schimpft Papa nicht so sehr. Du, Hanneken, das kommt aber nicht wieder vor. Wenn ich nun Vollschwester bin, sollst Du was vor mir wiederhaben. Ich freue mich schon, trotz allem Schweren, auf das Examen. In einem Jahr habe ich es schon hinter mir.

Was ihr das Leben erleichterte, war ihr Ehrgeiz und ihre Intelligenz. Tatsächlich: in allem was sie tat, strebte sie nach Perfektion. Damit legte sie den Grundstein für ihre erhoffte Zukunft, die mit ihrer Vorstellung von einer heilen Welt übereinstimmte. Sie würde nicht nur eine perfekte Krankenschwester, sondern auch die perfekte Ehefrau, Mutter und Hausfrau werden. Es war also kein Wunder, als sie dann im darauffolgenden Jahr das Examen mit der höchsten Note meisterte: "sehr gut".

Oldenburg, den 24. 4. 41

Entwurzelt

Im Frühling 1942 begann Gerda im Operationssaal der Chirurgischen Klinik in Bremen zu arbeiten (heute "Klinikum Bremen-Mitte").

Der Krieg wütete mit voller Macht und das Krankenhaus in Bremen wurde mit den verwundeten Soldaten von der Front überschwemmt. Sie sollten sich in der Nähe ihrer Heimat erholen. Wenn Gerda nicht gerade in der Chirurgie war, kümmerte sie sich um ihre Patienten auf der Station. Sie war flink und tüchtig und sorgte dafür, dass es allen so bequem wie nur möglich war. Sie war eine hervorragende Krankenschwester.

Eines Tages pflegte sie einen jungen Soldaten, der aus dem Osten eingeliefert worden war. Seine Verletzungen waren nicht lebensgefährlich. Als er nach dem chirurgischen Eingriff wieder erwachte, war er von dieser jungen, hingebungsvollen Schwester sehr angetan. Gerda war die schönste Frau die er jemals gesehen hatte.

"Guten Tag, schöne Frau," sagte er und schaute ihr dabei direkt in die Augen. Die Wärme, die aus seinen Augen strahlte, brachte ihr Herz fast zum Stillstand. Wenn es so etwas wie "Liebe auf den ersten Blick" gibt, dann war dies gewiss so ein Fall. Dieser besondere Moment, dieser Bruchteil einer Sekunde, veränderte ihr Leben auf ewig. Ihre Liebesgeschichte hatte begonnen.

Der junge Soldat, auch Fritz genannt, war zwischen Oldenburg und Bremen in Elsfleth aufgewachsen. Er war der jüngste von fünf Kindern, eine sehr angenehme "Überraschung" für seine Eltern, die 45 bzw. 46 Jahre alt waren, als er geboren wurde.

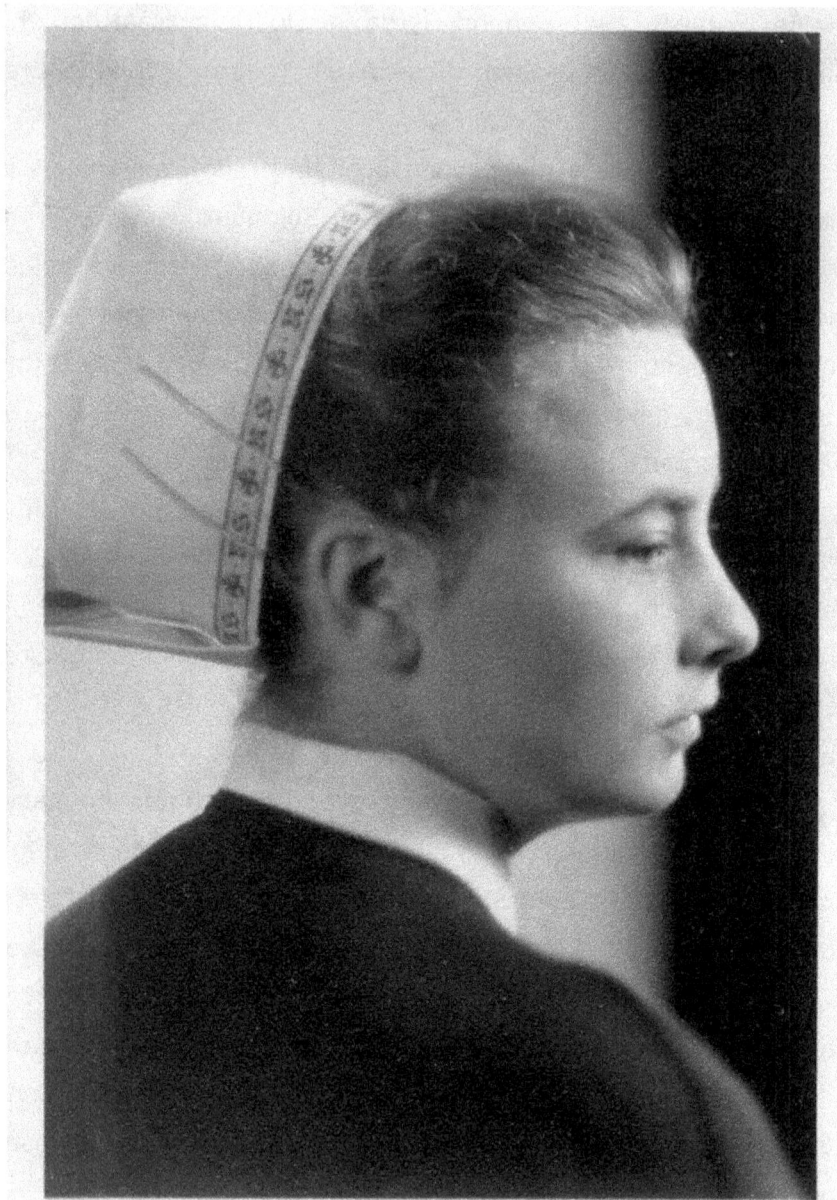

Gerda Jeuring nach dem Examen 1942

Entwurzelt

Er hatte ein nettes Wesen und unwiderstehlichen Charme; jeder fühlte sich wohl in seiner Gegenwart. Und er wusste, wie man eine Frau romantisch umwirbt.

Für Gerda war er der ideale Mann: liebevoll, intelligent und ein Offizier. Nach dem Krieg würde er ihr ein geborgenes, sicheres Zuhause bieten können.

Nicht lange nachdem sie sich zum ersten Mal gesehen hatten - es ist erstaunlich, wie ein Krieg die zeitliche Verdichtung wichtiger Geschehnisse erfordert - schenkte ihr Fritz einen Strauß roter Rosen. Es war ihm jetzt schon klar, dass er diese Frau von nun an an seiner Seite haben wollte. Gerda sollte seine Frau werden.

Obwohl überrascht über diese symbolische Geste seiner Zuneigung, erfreute es Gerda sehr. Mit einem Funkeln in ihren Augen fing sie an zu singen:

> Schenkt man sich Rosen in Tirol,
> Weißt du was das bedeuten soll?
> Man schenkt die Rosen nicht allein,
> Man gibt sich selber auch mit drein.
> Meinst du es so, verstehst du mich?
> Meinst du es so, dann tröste mich,
> Gib' mit der Rose mir auch dich!

Text: Ludwig Held and Moritz West
aus der Operette *Der Vogelhändler*
von Carl Zeller

"Ja," sagte er, während er ihr ununterbrochen in die Augen schaute. "Du hast die Bedeutung der Rosen ganz genau erkannt."

Dann breitete sich ein strahlendes Lächeln über sein ganzes Gesicht aus. Er zog sie an sich, hob sie hoch und drehte sich mit ihr spielerisch im Kreis.

"Mein süßes kleines Frauchen", lachte er auf seine einzigartig charmante Art. "Sei, bitte, meine Frau! Und, sobald dieser schreckliche Krieg vorbei ist, werde ich nie wieder deine Seite verlassen!"

Und so, mit dem Krieg als unheilvollem Hintergrund, verlobten sie sich im Juli 1943.

*

Fritz war in Heidelager, einem Truppenübungsplatz in Debica in Polen, östlich von Krakau stationiert. Mit den Jahren wurde das Lager vielen Änderungen unterzogen, aber Teil des Auftrages dort war das Training sowohl ethnischer Deutscher, die aus dem Osten kamen, als auch freiwilliger Kräfte aus Skandinavien. Hier wurden auch Experimental-Raketen getestet.

Weihnachten 1943, zwei Monate nach ihrer Trauung, wurde es Gerda möglich, einige Tage vom Krankenhaus freizunehmen. Sie machte sich auf den Weg nach Polen um die Feiertage mit Fritz zu verbringen. Es war eine Wiedervereinigung nach der sich beide, wie alle Verliebten, gesehnt hatten. Wer wusste, wann sie eine solche Gelegenheit erneut haben würden?

Die Trennung war hart. Wochen vergingen ohne ein Wort des Anderen zu hören. Auf die Post konnte man sich nicht mehr verlassen. Manchmal kam sie durch und dann überhaupt nicht mehr. Briefe wurden oft persönlich von jemandem, der in die passende Richtung reiste, mitgenommen.

Doch diese Weihnacht wurde den beiden das Zusammensein geschenkt. Während dieser wenigen Tage wollte die junge Braut ihren Fritz verwöhnen. Er sollte wissen, was für eine begabte Hausfrau er geheiratet hatte und wie liebevoll sie sich ihm widmen würde. War das nicht der Inbegriff der idealen deutschen Hausfrau?

In Heidelager hatte jeder Kasernenblock seine eigene Küche. Hier gab es keinen Nahrungsmangel und die trainierenden Soldaten aßen außergewöhnlich gut.

Gerda sah sich die Küche an und bat Fritz darum eine Weihnachtsgans zubereiten zu dürfen. Selbstverständlich freute das Fritz und er arrangierte die Genehmigung. Sie hatte gelernt ausgezeichnet zu kochen. Doch da es ihr so wichtig war, dass das Festessen perfekt sein sollte, wurde sie nervös. Sie wollte Fritz absolut nicht enttäuschen!

Leider werden diejenigen, die Perfektion fordern, oft enttäuscht. Das Leben ist nicht vollkommen. Und es fällt jedem schwer, ein perfektes Mahl hervorzuzaubern, wenn die Umstände gewöhnungsbedüftig sind.

Die Gans sah schmackhaft aus doch Gerda meinte, sie hätte noch länger im Backofen bleiben sollen. Sie wurde gereizt.

"Mach' dir doch keine Sorgen um die Gans," versicherte ihr Fritz. "Sie ist sehr lecker!"

"Aber das Fleisch sollte einfacher vom Knochen abfallen!" erwiderte Gerda. "Sie ist einfach nicht so gut, wie ich sie hätte haben wollen."

"Erstens," unterbrach sie Fritz, "ist die Gans köstlich. Zweitens, und am wichtigsten, es ist Weihnachten! Ich habe mein kleines Frauchen bei mir und das ist alles was zählt!"

Adelheid Holthuis

Dies schien sie zu beruhigen. Im Moment war es ihr nicht möglich, über den Tellerrand hinauszuschauen und sich auf wirklich wichtige Sachen zu konzentrieren.

Heute hatte sie, Gott sei Dank, den grausamen Krieg aus den Augen verloren aber machte sich Sorgen um eine Gans! Doch dann, nachdem sie sich wieder gefasst hatte, wandte sie ihre Aufmerksamkeit ihrem Mann zu und der flüchtigen Zeit, die sie noch zusammen verbringen konnten.

Sie schmausten und unterhielten sich dabei. Sie sprachen über die Vergangenheit und ihre Hoffnungen für die Zukunft. Sie genossen die gegenseitige Geborgenheit, die das Nahesein mit sich brachte. Als es Nacht wurde, fielen sie zusammen in ein kleines Bett, das ihnen zur Verfügung stand. Jedoch merkten sie gar nicht wie klein es eigentlich war. Und als sie in dieser heiligen Nacht in den Armen des anderen geborgen lagen, hörten sie in der Ferne die sachte Musik einer Gitarre:

Stille Nacht, Heilige Nacht! Alles schläft.
Einsam wacht nur das traute, hochheilige Paar.
Holder Knabe in lockigem Haar
Schlaf' in himmlischer Ruh!
Schlaf' in himmlischer Ruh!

Text: Joseph Mohr
Musik: Franz Gruber

Es war die einzige Weihnacht die sie miteinander verbringen würden.

Im Frühling 1944 war es klar, dass Deutschland diesen Krieg nie gewinnen würde. Die russischen Truppen rückten immer nä-

her an Heidelager. Einige Tage lang versuchte ein SS-Hauptmann
mit seinen Truppen das Lager zu verteidigen. Schließlich konnten
sie mit den Verwundeten in Lastwagen entkommen - aber nicht
bevor sie das Lager in Brand gesteckt und zerstört hatten. Mitten
im Sommer eroberten die Russen Heidelager.

Fern von der Ostfront in Bremen konnte Gerda nicht wissen,
was sich in Heidelager abgespielt hatte und was aus Fritz geworden war. Bestenfalls kamen Briefe von ihm sporadisch an. Ging
es ihm gut? Jede wache Minute des Tages verbrachte Gerda mit
ängstlichen Befürchtungen um Fritz - jede Minute, jeden Tag.

Am 18. August 1944 fielen die ersten Bomben auf Bremen.
Der größte Teil der Zerstörung betraf den westlichen Teil der
Stadt. Zunächst erlitt das Krankenhaus, in dem Gerda arbeitete,
nur kleine Schäden. Jedoch wurde das Krankenhaus so sehr mit
Patienten überflutet, dass sogar die Flure mit ihnen überfüllt
wurden. Es befanden sich nicht nur die verwundeten Soldaten
dort, sondern auch Bremer Bürger - Opfer der Luftangriffe oder
der darauffolgenden Brände und einstürzenden Häuser.

Krankenhausbesuchern wurde es schlecht beim Anblick der
Leidenden, vom Schreien und Stöhnen begleitet. Es waren
Schauderszenen: blutige Verstümmelungen, bloßgelegte Därme,
verbranntes Menschenfleisch, die aber Gerda unverdrossen ließen. Es war ihre Aufgabe, sich diesen kranken und oft sterben-
den Patienten zu widmen.

Doch mit der Zeit - als Briefe von Fritz immer seltener
und gleichzeitig die endlosen Kriegsleiden immer mehr wurden -
hinterließ der Krieg auch bei Gerda emotionale Spuren. Wenn sie

sich dann um einen Patienten kümmerte und in dessen trüben Augen den sich nähernden Tod sah, drehten sich ihre Gedanken unweigerlich um Fritz. Sie wusste, dass die Überlebenschancen nicht zu seinen Gunsten standen. Wenn doch nur der Krieg bald zu Ende wäre und Fritz verschont bliebe!

Der Krieg begann eine erstickende Wirkung auf sie zu haben. Er drohte ihr den Boden unter ihren Füßen zu entziehen. Wenn er ein Mensch gewesen wäre, hätte sie ihn beim Hals gepackt und erwürgt oder ihn mit einem Besen totgeschlagen. Aber Gerda konnte dieses Unwesen nicht wie eine sich rächende Furie ergreifen und zertrümmern. Der Krieg war unantastbar.

Er raste über die Landschaft, flachschleifend, versengend. Er saugte das Leben aus den Einwohnern und machte sie zu Krüppeln. Gerda erschauderte jedes Mal, wenn die Luftangriffssirenen zu heulen anfingen - vom Dröhnen der Flugzeuge gefolgt. Würde man dieses Mal das Krankenhaus treffen? Sie wollte fliehen - aber wohin? Würde dieser Alptraum nie ein Ende haben? Wie viel mehr Zerstörung und Tod müssten sie alle noch ertragen?

Sie wollte ihren geliebten Fritz in den Armen halten und sich von ihm trösten lassen. Doch das war nicht möglich. Immer wieder gingen ihr die Erinnerungen an ihre gemeinsame Zeit durch den Kopf. Sie versuchte sich so an seine Stimme zu erinnern, als würde er mit ihr reden. Es fiel ihr so schwer, seine Stimme und seine Blicke in ihrem Kopf festzuhalten.

Es wurde nun unmöglich, Fritz zu besuchen. Von der hinter jeder Ecke lauernden Gefahr abgesehen waren auch die Bahnschienen zerstört. Genauso unwahrscheinlich war es, dass er zu ihr kommen könnte. Also würde sie in diesem zweiten Jahr ihrer Ehe Weihnachten 1944 ohne ihn feiern müssen.

Verständlicherweise war jede Nachricht von Fritz das wichtigste Ereignis des Tages für sie ...ein Geschenk des Himmels. Und am wichtigsten daran: die Nachricht war ein Zeichen dafür, dass Fritz zur Zeit des Schreibens noch lebte und es ihm gut ging. Sie hielt Gerda aufrecht bis der nächste Brief ankommen würde. Jede Zeile von ihm wurde mehrfach gelesen und jeder Brief wurde zur Aufbewahrung in ihre Bibel gelegt.

*

Advent 1944

Mein liebes, herzallerliebstes und bestes Frauchen!

Heute ist der 3. Advent. Hast Du heute auch jede Stunde so an mich gedacht, wie ich an Dich gedacht habe? Gerda, im vergangenen Jahre waren wir im Heidelager zusammen. Da war es uns vergönnt in aller Besinnlichkeit das Weihnachtsfest zu erleben und gemeinsam zu verbringen. Wenn uns das doch in diesem Jahre auch nur möglich wäre, wie dankbar würde ich sein, ich würde mich nicht mit Dir über die mehr oder weniger gut gebratene Gans streiten, sondern ich hätte Dir soviel liebes zu sagen, hätte soviel mit meinem Mäuschen zu schmusen und würde mir jeden Tag eine Überraschung ausdenken, die Dir Freude machen würde.

Eine Überraschung sollte mein Weihnachtsgeschenk für Dich sein, ich will es Dir verraten: ein schöner Radioapparat und außerdem einige Kleinigkeiten. da ich aber dem Urlauber, der in die Nähe von Bremen fährt, diesen Brief und eine kleine Kiste mit etwas Fleisch, Zucker und einigen Rauchwaren für Papa mitgeben möchte, muß ich mit dem Versand des Radioapparates an Dich noch einige Tage warten bis der nächste Urlauber fährt.

Weihnachten fährst Du ja nach Elsfleth und durch die Kiste werde ich ja ein kleinwenig zur Gemütlichkeit der Tage beitragen können.

Du glaubst nicht, wie gerne ich Weihnachten bei Dir und in Elsfleth sein würde. Um ein Haar wäre ich auf eine Dienstreise gefahren, die es mir ermöglicht hätte wenigstens die Weihnachtstage bei Dir zu sein. So wird es an den Weihnachtstagen genau wie jetzt in der Vorweihnachtszeit keine Sekunde geben in der ich nicht an Dich, mein kleines Mäuschen, denken werde.

Gerda, ich konnte nicht an Berndine, Tante Dina, Hermine, Hanna, Gerhard ... schreiben. Gerda, Du mußt es übernehmen allen in meinem Auftrage einen Weihnachtsgruß zu senden und ein frohes Fest wünschen. Nach Gildehaus und Elsfleth habe ich geschrieben. Schenke bitte Berndine den Radioapparat den sie schon hat und mache auch sonst wo Du kannst eine kleine Freude.

Dir, mein kleines Mäuschen wünsche ich ein recht frohes und besinnliches Weihnachtsfest.

Mit allerherzlichsten und besonders lieben Grüßen bin ich

Dein Fritz
Wenn Du diesen Brief bekommst mache beide Augen zu träume, - wenn Du dann die Augen aufmachst, mußt Du gemerkt haben, daß ich Dir in Gedanken einen Kuß gegeben habe.

Die Zeit, die zwischen den Briefen verging, schien Gerda eine Ewigkeit zu sein. Sie lebte von einem Tag in den nächsten - in der Hoffnung etwas von ihrem geliebten Mann zu hören. Und dann hörten die Briefe auf. Monate vergingen ohne ein Wort von Fritz. Es gab nur eine ohrenbetäubende Stille.

Entwurzelt

Im Mai 1945 war der Krieg zu Ende. Langsam machten sich Soldaten und Flüchtlinge auf den Weg in den Westen. Es waren diejenigen, die Glücklichen, die gesund genug waren um die lange Reise zu überstehen.

Wenn dann irgendjemand aus dem Osten zurückkehrte, fragte ihn Gerda, "Kannten Sie meinen Mann? Haben Sie ihn gesehen? Wissen Sie etwas über ihn?" Aber ihre Fragen blieben unbeantwortet. Niemand wusste etwas.

Mit der Ungewissheit, die Fritz umgab, fiel es Gerda schwer, sich auf die Krankenpflege zu konzentrieren. Sollte sie ihn suchen? "Nein," dachte sie, "was für ein verrückter Gedanke!" Die Chancen, so eine Reise in den Osten zu überleben und heil nach Hause zurückzukehren, waren gleich null.

Statt dessen entschied sie sich, zu ihrem Vater in Gildehaus zurückzuziehen. Dort wäre sie von ihrer Familie, die sie seelisch stützen würde, umgeben. Sie würde private Krankenpflege in Gildehaus, Nordhorn und Umgebung aufnehmen und Patienten betreuen, die sie mit dem Fahrrad erreichen könnte, bis Fritz wieder nach Hause kommen würde.

*

Als die Flüchtlinge anfingen die Gegend zu überlaufen, gab es für sie kaum Unterkunft. Die örtliche Verwaltung befahl der Bevölkerung, sie bei sich aufzunehmen.

Gerdas Vater ärgerte sich über diese Verpflichtung, völlig fremden Leuten die Türen zu öffnen. Außerdem hatten sie kürzlich noch Gerdas Cousine zu sich genommen.

Daher nahm sich Gerda, die intelligent und zuversichtlich

war, des Problems an. Da sie eine hervorragende Kommunika-tionsfähigkeit besaß, appellierte sie an die Verwaltungs-behörde, das Familienhaus sei mit der Aufnahme der Cousine bereits über-füllt.

Die restlichen Dorfbewohner hatten weder die Idee noch den Mut, die Behörde herauszufordern. Das tat man einfach nicht! Als dann Gerdas Gesuch genehmigt wurde, war sie persönlich sehr stolz und zufrieden, dass sie ihrem Vater auf diese Art helfen konnte.

(Die Cousine, die jetzt bei ihnen wohnte, hieß zufällig auch Gerda. Um eine Verwirrung zu vermeiden, entschied die Familie, von nun an unsere Gerda mit dem liebevolleren Namen "Gerdi" zu nennen.)

*

Dann, eines Tages im September 1946, mehr als ein Jahr nach Kriegsende, traf bei Berndine (Gerdas Schwester die in Nordhorn wohnte) ein Brief für Gerda ein. Der Absender war Ger-da unbekannt. Mit zitternden Händen riss Gerda den Umschlag auf. Sie las:

Wurzen, den 7.3.46

Verehrte Frau Degen!

Hiermit erfülle ich die traurige Pflicht Ihnen mitzuteilen, daß Ihr Gatte, der Oberleutnant Fritz Degen am 22.8.45 im Stadtkrankenhaus Wurzen verstorben ist. ...

Sie brach in ihrem Stuhl zusammen. Berndine las sofort den Inhalt des Briefes an Gerdas Augen ab.

"Fritz ist tot," sagte Gerda. Obwohl sie diesen Moment schon immer befürchtet hatte, erschütterte sie die Nachricht gewaltig.

Plötzlich, als die Tränen sich in ihren Augen sammelten, fühlte sie sich verlassen und es wurde ihr übel. Es war, als hätte ihr jemand in den Magen geboxt. Sie hatte die einzige Person in ihrem Leben verloren, die sie hätte beschützen und trösten können.

Sie las weiter. Der Schreiber des Briefes, Rudi Vollmer, hatte Fritz im Lazarett in Karlsbad (Karlovy Vary) in Böhmen kennengelernt. Beide waren verwundet nach Karlsbad, einem Kurort, geschickt worden, um sich dort zu erholen. Und da beide Landsleute waren, entwickelte sich bald eine enge Kameradschaft.

Am 25. Mai 1945 entschlossen sich Fritz und Rudi gen Westen zu ziehen. Fritz wollte nach Hause! Der Krieg war vorbei. Endlich wollte er ein neues Leben mit seiner jungen Braut anfangen.

Sie brachen von Karlsbad auf und gelangten über Dresden, Meissen und Riesa nach Wurzen. Zu dieser Zeit war die Mulde die Grenze zwischen der russischen und amerikanischen Besatzungszone: die Russen auf der östlichen Seite und die Amerikaner auf der westlichen. Die Brücken über die Mulde waren gesprengt worden und es war schwierig, von der russischen Seite zur amerikanischen zu gelangen.

Fritz schaffte es nicht weiterzureisen. Seine Wunden waren nicht verheilt. Im Gegenteil, sie hatten sich verschlechtert - wahrscheinlich durch die Härten der Reise. Oder hatte er sich unterwegs neu infiziert? Rudi versprach Fritz, er würde bei ihm bleiben und nicht von seiner Seite weichen.

Adelheid Holthuis

Er wurde ins Stadtkrankenhaus in Wurzen eingewiesen. Es bildete sich eine Sepsis, der er wegen der Schwäche seines Körpers und des Mangels an Antibiotika erlag. Am 25. August 1945 wurde Fritz auf dem Ehrenfriedhof in Wurzen beerdigt. Die einzigen Wertsachen die er bei sich getragen hatte, waren seine Armbanduhr und sein goldener Ehering.

Rudi hatte sich um alles was zur Bestattung gehörte gekümmert und er legte Gerda ein Bild von der letzten Ruhestätte ihres Gatten bei.

Ihre schrecklichste Befürchtung hatte sich nun bestätigt. Gerdas Welt brach zusammen um niemals wieder hergestellt zu werden. Sie war sicher, dass die Welt ihr nie wieder so ein glückgefülltes Leben anbieten würde, wie sie es mit Fritz gefunden hatte. Sie ertrank langsam in Trauer. Als an diesem Tag die Nacht endlich anbrach, sang sie leise mit Tränen in den Augen:

Dein ist mein ganzes Herz!
Wo Du nicht bist, kann ich nicht sein.
So wie die Blume welkt,
wenn sie nicht küsst der Sonnenschein!
Dein ist mein schönstes Lied,
weil es allein aus der Liebe erblüht.
Sag mir noch einmal, mein einzig Lieb,
oh sag noch einmal mir:
Ich hab dich lieb!

Text: L. Herzer and F. Löhner-Beda
aus der Operette *Das Land des
Lächelns* von Franz Lehar

Als Fritz starb war Gerda 22, Fritz war 23.

*

Als die Tage, Wochen und Monate vergingen, denen zunächst die Stille des Unwissens folgte und danach die Gewissheit, dass Fritz tatsächlich tot war, gelang es Gerda kaum, mit ihrem Verlust umzugehen.

Es war wahr, dass der Krieg, der wie ein rasendes Feuer alles auf seinem Weg eingeebnet und zerstört hatte, vorbei war. Dennoch, als wäre die Zerstörung des ganzen Landes mit Leib und Seele nicht genug, ließ sich die letzte Flamme des Krieges nicht austreten. Im Gegenteil loderte sie noch ein letztes Mal ungestüm auf, um das Leben ihres geliebten Mannes auszulöschen. Was war aus der Welt geworden, in der sie lebten und das Glück zusammen gefunden hatten?

Gerda brachte es nicht fertig, über ihre gemeinsame idylli-sche Zeit und ihre Liebe zu reflektieren. Es war zu schmerzhaft.

"Hatte das Leben ohne Fritz noch Sinn?" fragte sie sich. Gäbe es noch einen Zweck weswegen sie hier bleiben sollte? Ihr Leben wäre doch auch vorbei...erledigt!

Nichts blieb zurück außer einer Leere - einem Vakuum. Wenn es jemals eine heile Welt gegeben hätte, ob echt oder nur in ih-rem Kopf existierend, dann war sie nun in einem Augenblick auf ewig ausradiert und vernichtet, als wäre sie nie gewesen. Der Krieg hatte alles zerstört!

*

Wie auch immer, es begann nun eine neue Morgendämme-rung, eine neue Welt, aber nicht unbedingt eine bessere.

Gerda entschloss sich ganz bewusst, keine Erinnerungen an Fritz in ihren Kopf eindringen zu lassen. Sie waren unerträglich. Sie wusste, sollte sie überleben, müsste sie in dieser neuen Welt ohne ihn auskommen können. So schwer es ihr auch fallen wür-de, müsste sie Fritz vergessen. Vielleicht waren ihre Erinnerun-gen nicht mal echt. Vielleicht waren sie nur Teil des Wirrwarrs, der Grausamkeit, die der Krieg mit sich brachte. Sie dürfte nie wieder von ihm reden. Sie müsste die Vergangenheit vertreiben und nicht über ihrem Leid und Schmerz brüten. Sie müsste ihre Gefühle verdrängen und betäuben. Vielleicht würde sich dann eine neue Tür öffnen. Vielleicht gäbe es doch noch eine Zukunft. Vielleicht würde sie trotz allem noch Hoffnung finden können.

Zweiter Teil

Freddie Holthuis

Adelheid Holthuis

Ungefähr sechs Monate nach Gerdas Geburt, war Freddie Holthuis, der erstgeborene Sohn des Ehepaares Hindrik und Aleida Holthuis, geb. Kortmann, unterwegs nach Amerika. Er wurde am 23. Dezember 1922 in Nordhorn (14 Kilometer nördlich von Gildehaus) geboren.

Die Reparationen, die Deutschland nach dem Ersten Weltkrieg auferlegt wurden, waren so hart und beschränkend, dass Deutschlands wirtschaftliche Entwicklung gedrosselt und die Bevölkerung extremer Not unterworfen wurde. Zu dieser Zeit wanderten viele Familien aus Deutschland aus und suchten woanders ein besseres Leben. Genauso war es auch mit Freddies Familie.

Hindrik hatte als Batteurarbeiter - jemand der Baumwollklumpen zerschlägt, damit man sie weiterverarbeiten kann - in der Textilindustrie in Nordhorn gearbeitet. Er war, wie auch die anderen Mitglieder der Holthuis- und Kortmann-Familien, ein sehr religiöser Mensch.

Doch war es einfacher christlich zu reden, als sich von den Grundsätzen der Kirche bändigen zu lassen. Und so kam es, dass das junge Paar Hindrik und Aleida sich den natürlichen, von der Kirche verachteten Trieben ergaben und Freddie sechs Monate vor der Trauung gezeugt wurde.

Die Ehe basierte mehr auf christlicher Pflicht als auf Liebe. Und, ganz gewiss gab es in ihrer Umgebung hinter ihrem Rücken viel Klatsch und Gekicher.

Sie konnten ihre "Sünde" nicht verheimlichen und oft waren die Kirchenmitglieder in ihrer eigenen Selbstgerechtigkeit am nachtragendsten. Die Kirche verbannte oft diejenigen, die von einer unerwarteten Schwangerschaft betroffen waren. Vielleicht trug das zu Hindriks Entscheidung bei, dass er und Aleida die restliche Kortmann-Familie nach Amerika begleiten würden.

Das Kortmann-Familienoberhaupt, Hindrik Jan Kortmann mit seiner Frau Mina, hatte in Holland Michigan Sponsoren gefunden, die für die Familie bürgten, was die Einwanderung in die U.S.A. ermöglichte. Daher bestieg im Dezember 1923 der ganze Kort-mann-Clan (die Eltern, Hindrik Jan und Mina, mit ihren Kindern: Albert und Frau Mina, Johann, Tochter Henriette, und unser Paar: Hindrik und Aleida mit ihrem Baby Freddie) den Frachter "York" um in die Neue Welt zu fahren, wo die Bürgersteige aus Gold bestanden und Honig aus den Bäumen tropfte.

Die 14-tägige transatlantische Fahrt nach New York hatte ihren Höhepunkt, als das Schiff in den Hafen mit der Sichtung der Freiheitsstatue einlief. Sie war das Symbol der Hoffnung - des neuen Anfangs in einer neuen Welt - wahrhaftig ein packen-der Moment für die ganze Familie.

Die ersten paar Tage in Amerika verbrachte die Familie auf Ellis Island. Dort mussten die Einwanderungspapiere fertig ge-macht werden. Dazu gehörten medizinische Untersuchungen.

Aleida und ihre Schwägerin Mina waren schwanger. An Vieh-Branding erinnernd wurde beiden Frauen ein großes "X" auf den Unterleib gezeichnet.

Am Anfang des 20. Jahrhunderts waren kinderreiche Familien in Deutschland üblich. Geburtenkontrolle war weder gebräuchlich noch ein Problem für die meisten, denn die Großfamilie bot den Eltern eine Art Sozialversicherung. Mehrere Kinder würden die

Erste Reihe von links nach rechts: Aleida und Hindrik Holthuis mit Freddiie,
Henriette Kortmann mit den Eltern Mina und Hindrik Jan Kortmann
Zweite Reihe: Mina und Albert Kortman. Dritte Reihe: Johann Kortmann

Eltern im hohen Alter versorgen (besonders auf dem Land, wo die Kinder dann den Bauernhof übernahmen).

Und so sollte es auch bei Hindrik und Aleida werden. Freddie würde kein Einzelkind bleiben. Und so wurde ein Bruder, Heini, ungefähr sieben Monate nach ihrer Ankunft im neuen Land geboren.

Die junge Familie fand eine Wohnung im 1. Obergeschoss eines Hauses in der 18. Straße in Holland Michigan. Hindrik fand Arbeit in einer Gießerei eines Ofenunternehmens (Holland Furnace Company).

Doch obwohl es ihnen sehr gut zu gehen schien und Aleida von ihrer ganzen Familie umgeben war, hatte sie extremes Heimweh nach Deutschland. Die neue Umgebung, die Kultur, der Lebensstil und die Amerikaner waren so anders. Außerdem konnte sie kein Englisch. Sie wollte nach Hause.

Also gestattete Hindrik, dass Aleida mit ihren zwei Söhnen, Freddie und Heini, im Frühling 1927 einen Urlaub in Deutschland machen durfte. Damals war so eine Reise keine kleine Sache, denn die zwei Kontinente, Amerika und Europa, lagen Welten auseinander und der Atlantische Ozean war überwältigend. Viele, die in den 1920er Jahren nach Amerika ausgewandert waren, sahen ihre alte Heimat nie wieder.

Aleida machte die achttägige Reise nach Deutschland mit ihren Söhnen an Bord der "Columbus". Sie war so glücklich wieder "zu Hause" zu sein, dass sie Hindrik schrieb, sie wolle bleiben.

Jetzt wurde Hindrik das Thema zu ernst. Am Ende des

von links: Oma Holthuis, Aleida mit Heini u. Freddie, Dina u. Jan Holthuis, Hindriks Bruder

Sommers reiste er selbst seiner Familie nach Deutschland hinterher. Doch als er im "old country" ankam - noch bevor er die
Familie wieder sah - hatte er sich schon entschlossen, dass sie in
Deutschland nicht bleiben würden. Stattdessen würden sie so
schnell wie möglich die Reise zurück nach Amerika antreten. Wie
war es zu dieser impulsiven Entscheidung gekommen?

Als er auf die Bahnverbindung nach Nordhorn gewartet hatte, aß Hindrik in Bremen im Bahnhofsrestaurant. Seiner Meinung
nach war das Essen unverschämt teuer. Die Entscheidung fiel
spontan und Aleida würde da nichts zu sagen haben. Folglich
wurde die zehntägige Reise zurück nach Amerika gebucht und ein
paar Wochen später befanden sich alle an Bord der "Dresden".

Zurück in Holland Michigan, kaufte Hindrik ein Haus, damit ein normaleres Leben einkehren würde.

Im Herbst 1928, dem Jahr, in dem seine Schwester Minnie geboren wurde, wurde Freddie eingeschult. Er genoss die Schule und war ein helles, kluges Kind. Zu Hause saß er oft auf einem Hocker neben seiner Mutter, während Aleida ihm beim Bügeln Bibelgeschichten erzählte. Freddie war musikalisch und spielte gern die Mundharmonika, die seine Mutter ihm auf ihrem Deutschlandbesuch geschenkt hatte.

350 West 21st Street. Von links: Minnie, Heini und Freddie

Sonntags, egal ob bei Regen, Schnee oder Sonnenschein, ging die Familie die 3,2 km zu Fuß in die Kirche und zurück. Sonntag abends wiederholte sich der Marsch dann zum zweiten Mal.

Es ist überflüssig zu erwähnen, dass Hindrik vor dem Essen betete. Den Kindern war es, als würden die Gebete nie aufhören.

Sie konnten kaum so lange still sitzen. Ja, er war ein frommer Christ. Sein Glaube war authentisch.

Doch in der Praxis wurde von ihm eine untertänige, gehorsame Frau erwartet. Aleidas Schwägerin, Mina, bemerkte, dass Aleida immer langärmelige Blusen trug, um die blauen Flecken an ihren Armen zu verbergen. Und Hindriks Religion hielt ihn auch nicht davon ab, seine Kinder mit harter Hand zu erziehen. Sie wurden nicht in Liebe empfangen, sondern waren das Resultat menschlicher Triebe und Ehepflichten. Sie waren ein Mittel zum Zweck.

Am 29. Oktober wurde Jeanette geboren. Aleida erholte sich nie von dieser Schwangerschaft, denn während der letzten sechs Monate hatte sich eine doppelte Salpingitis (eine Entzündung beider Eierleiter) entwickelt. Hindrik nahm ihren schlechten Gesundheitszustand nicht ernst.

Kurz nach der Geburt an einem frostigen, stürmischen Tag im November, befahl ihr Hindrik die Fenster draußen zu putzen. Er war ein Sauberkeitsfanatiker. *Cleanliness is next to Godliness!* (Sauberkeit kommt gleich nach Gottesfurcht). Infolgedessen platzte ein Eileiter auf und führte zu einer Darmperitonitis.

Aleida starb am 3. Dezember, fünf Wochen nach Jeanettes Geburt. Sie war erst 26 und hinterließ vier kleine Kinder. Von diesem Moment an würden die Kinder, besonders Jeanette, ohne Mutterliebe aufwachsen. In der Tat würde Aleidas Tod in Zukunft der ganzen Familie irreparablen Schaden zufügen.

Wie es damals in den U.S.A. üblich war, wurde der Sarg vor der Beerdigung ins Haus gebracht. Hindrik, scheinbar unberührt, schob den Sarg, der seine tote Frau barg, im Wohnzimmer hin und her, damit er darum herum staubwischen und fegen konnte. Anscheinend war das Saubermachen oberstes Gebot, die Trauer zweitrangig. Oder, wenn es überhaupt Trauer gab, wurde sie möglicherweise von den Bedürfnissen des täglichen Lebens, die der Tod seiner Frau mit sich brachte, erdrückt.

Wie würde er sich um seine kleinen Kinder kümmern kön-nen? Die einzige durchführbare Lösung schien ihm, seine Kinder Bekannten oder fremden Leuten gegen Bezahlung in Betreuung zu geben.

Und so kam es, dass Freddie und Heini bei einem Schneider und seiner Frau in derselben Straße in Obhut kamen. Selbstver-ständlich waren sie wegen des Vaters strenger Hand gut erzoge-ne Jungen. Sie wagten es einfach nicht, sich schlecht zu beneh-men!

Trotzdem verprügelte der selbst kinderlose Schneider sie fast täglich nach der Arbeit mit einem hölzernen Metermaß. Da die Jungen von ihrem eigenen Vater eingeschüchtert waren, hatten sie Angst, sich dem Vater anzuvertrauen und schwiegen darüber. Sie erkannten auch, dass der Vater seine eigenen Probleme mit den Anforderungen des täglichen Lebens hatte.

Die Nachbarn nebenan nahmen Minnie zu sich und der Säug-ling, Jeanette, kam zu der Familie Cornelius Van Dyke in Zeeland Michigan.

Als ob das nicht schon schlimm genug war, gab es fünf Tage bevor Jeanette geboren wurde, am 24. Oktober 1929 in den U.S.A. den *"Black Thursday"*, den schwarzen Donnerstag, den

Beginn der weltweiten Wirtschaftskrise. Hindrik arbeitete nicht mehr regelmäßig. Er war tatsächlich mehr zu Hause als bei der Arbeit. Er musste der Haushälterin, die acht Dollar die Woche bekam, kündigen. Wenn die Lage sich nicht besserte, war ihm klar, dass er das Haus der Familie verlieren könnte.

Wegen ihrer täglichen Schläge, fingen Freddie und Heini an, sich in sich selbst zurückzuziehen und sie wurden immer stiller. Während einem seiner wöchentlichen Besuche seiner Söhne bemerkte Hindrik die Wesensveränderung der Jungen und brachte sie dazu, über den grausamen Schneider und seine Frau zu erzählen. Was er hörte, entrüstete ihn; doch er meinte, er könne im Moment nichts dagegen unternehmen.

Von allen Kindern ging es Jeanette am besten. Und zwar liebte die Familie Van Dyke sie so sehr, dass sie das Baby adoptieren wollte. Hindrik war damit einverstanden! Man solle die nötigen Dokumente erstellen. Es gäbe dann einen Mund weniger zu füttern.

Unterdessen in Nordhorn erkannte Hindriks Mutter, dass sich die Familie ihres Sohnes langsam auflöste. Die Kinder wurden dem Wind ausgesetzt und sie war sowohl empört als auch todunglücklich über Jeanettes bevorstehende Adoption. Sofort schrieb sie Hindrik, man gebe sein eigenes Fleisch und Blut nicht auf! Wie könne er das als Lösung seiner wirtschaftlichen Sorgen verstehen?

Dieser Verweis seiner Mutter kam in letzter Minute, bevor Hindrik das endgültige Dokument unterschreiben sollte, um die Adoption abzuschließen.

Entwurzelt

Die Mutter wohnte mit Hindriks Schwester Hanna, einer Witwe des ersten Weltkrieges, im Familiensitz der Familie Holthuis in der Bentheimer Straße in Nordhorn. Hindriks Bruder Jan wohnte mit seiner Familie direkt nebenan. Jan hatte auch zwei Söhne und zwei Töchter.

Hanna flehte Hindrik an, nach Deutschland zurückzukehren. Sie würde ihm finanziell helfen Fuß zu fassen und die Reise bezahlen. In Deutschland gäbe es noch Arbeit. Sie und die Mutter würden bei Jan nebenan einziehen. Hindrik könne in ihrem Haus wohnen und seine Kinder könnten in unmittelbarer Nähe und umgeben von der Liebe der Großfamilie aufwachsen.

Und so geschah es an einem Sonnabend, dass Hindrik beim Besuch seiner Kinder ihnen erzählte, sie würden alle zusammen nach Deutschland zurückkehren.

*

von links: Freddie, Hindrik mit Jeanette auf seinem Schoß,
Heini und Minnie (1931)

Ohne einen Blick in die Vergangenheit,
ging die Zeit auf ihrem Weg zur Ewigkeit.
Und die Kinder schrien,
"Halt! Wir haben noch nicht gespielt!"
Doch die Zeit lachte ein zynisches Lachen
und riss die Kinder vorwärts mit sich.

Anfang 1932 sammelte Hindrik seine Kinder ein, um die lange Reise nach Deutschland anzutreten. Endlich war die Familie wieder zusammen! Es würde keine Trennung, keine Verprügelungen durch Fremde und keine Rede von Kinderweggabe mehr geben!

Nach der fünftägigen Reise an Bord der "Europa" war die Familie wieder in Nordhorn. Nach so vielen Turbulenzen in ihren jungen Leben, hoffte Freddie (der nun 10 war) darauf, dass ihnen eine bessere Zukunft bevorstand. Von diesem Tag an, hoffte er, würden sie alle glücklich zusammen sein. Er und seine Geschwister hatten schon so viel durchgemacht! (*Oft ist es ein Segen, dass man vorher nicht weiß, was die Zukunft bringt.*)

Und so kam es, dass in dieser ersten Nacht wieder in Deutschland, Freddie mit seinem Bruder Heini und den beiden Schwestern friedlich einschlief. Sie alle ruhten im Kindertraum naiver Hoffnung. Sie konnten nicht erahnen, dass schon zwei neue Stürme am Horizont heranbrausten.

Sie konnten nicht wissen, dass mit Hitlers Aufstieg 1933 ihre jungen Träume und Zukunftschancen zermalmt werden würden. Und in geringerem Umfang - doch nicht mit weniger Auswirkung - konnten sie zudem nicht wissen, dass sich ihr Leben zu Hause auch nicht verbessern würde.

Hindrik bekam sofort Arbeit und Freddie und Heini freuten sich auf den ersten Schultag.

*

Eines Morgens gab es große Aufregung in der Frensdorfer Schule in Nordhorn. Alle Schulkinder umzingelten die zwei

Entwurzelt

Neulinge, die aus dem fernen Amerika kamen.

Freddie und Heini konnten kein "Hochdeutsch" da zu Hause in Michigan Plattdeutsch und in der Schule Englisch gesprochen wurde. Freddie fragte, was richtig sei: "Das ist was?" oder "Was ist das?" Alle lachten. Doch durch den Kontakt zu den Kindern würden sie die Sprache sehr schnell lernen. Jeden Morgen marschierten die zwei Brüder froh zur Schule und übten unterwegs Mathematik und Deutsch. In Freddies erstem Zeugnis in Deutschland notierte die Lehrerin, dass Freddie große Fortschritte im Deutschen mache.

Er liebte die kleinen Mädchen. Als sie noch in Amerika lebten, schenkte er allen Mädchen zum Valentinstag kleine Grußkarten (wie es dort üblich war) und erhielt im Gegenzug mehr Valentinskarten als jeder andere Junge in der Klasse. Aber Freddie war auch ein kleiner Schlingel, der gerne lustige Streiche ausheckte.

Eines Tages musste eine seiner kleinen Freundinnen nach vorne zur Lehrerin gehen. Als das Mädchen mit der Lehrerin sprach, legte ihr Freddie eine Heftzwecke auf den Stuhl. Als das Mädchen zurückkam und sich setzte, sprang es auf und schrie. Mit einem Stock in der Hand wusste die Lehrerin sofort, wer der Schuldige war.

Freddies Gekicher hörte dann ganz plötzlich auf, als die Lehrerin seinen Hintern versohlte. Hat die Bestrafung etwas genutzt? Angeblich nicht. Er konnte einfach das Streichespielen nicht lassen. Manchmal wusste er schon im Voraus, dass er etwas anrichten würde. Um den Schmerz zu vermindern, trug er an solchen Schultagen zwei Paar Hosen!

Adelheid Holthuis

Nach dem vielen Hin- und Herreisen zwischen den Kontinen-
ten war Hindrik mittellos. Die Familie hatte nichts. Wenn es nicht
seine Mutter gäbe, hätte die Familie noch nicht einmal ein Dach
überm Kopf. Hindriks Arbeit als Weber in der Textilindustrie in
Nordhorn war die einzige Einkommensquelle der Familie.

Obwohl die Jungen noch zu klein waren, um bezahlte Jobs zu
bekommen, mussten sie die körperliche Arbeit leisten, die die
Familie zum Überleben brauchte. Also arbeiteten sie jeden Tag
nach der Schule entweder zu Hause oder auf dem Land. Die All-
tagsarbeit, von der der Haushalt abhängig war, wurde als aller-
erste ausgeführt. Erst danach durften Freddie und Heini ihre
Schulaufgaben machen.

Der Familie gehörte ein kleines Grundstück in der Nähe. Zu-
sätzlich gab es hinter dem Haus einen kleinen Gemüsegarten.
Also bebauten die Jungen das Land mit Kartoffeln, Möhren und
anderen durch den Winter haltbaren Gemüsesorten. Nach dem
Bepflanzen schleppten sie wagenweise Jauche, um das junge
Gemüse damit zu düngen.

Um sich auf den langen, nasskalten Winter vorzubereiten,
gingen sie Tag für Tag ins Moor um Torf zu stechen. Sie luden die
schweren Torfsoden auf eine Karre und zu Hause wieder angekommen, wurde der Torf auf den Speicher zum Trocknen gehievt.
Bis zum Spätherbst war er als Heizmaterial für den Winter taug-
lich. Diese Arbeit wäre wohl einem Erwachsenen körperlich extrem anstrengend gewesen. Und dabei waren Freddie und Heini
noch Kinder!

Wenn dann am Ende des Tages die Dunkelheit einbrach,

durften die Jungen sich endlich mit ihren Schulaufgaben beschäftigen.

Es war selbstverständlich, dass die Kinder hart für die Familie arbeiteten. Es war also kein Wunder, dass sie die Schule genossen. Sie war die freudigste Aufgabe des Tages. Obwohl sie noch Kinder waren, gab es das Wort "spielen" in ihrem Wortschatz nicht. Sie sahen kaum die Cousins und Cousinen nebenan. Ihr Leben war hart.

Der Persönlichkeitsunterschied zwischen Hindrik und seinem Bruder Jan nebenan war wie Tag und Nacht. Jeder war bei Jan willkommen. Doch bei Hindrik, außer der unmittelbaren Familie, trat kaum jemand über die Türschwelle.

Beide Brüder waren sehr fromm. Jans Glaube bestimmte, wie der Ablauf des Tages zu gestalten war (soweit Gottesfügung es erlaubte, die Begebenheiten selbst zu steuern).

Jedoch in Hindriks Haus musste man mutmaßen, dass die christliche Liebe reine Theorie blieb, denn bei den Kindern fehlte jede Spur väterlicher Liebe.

*

Einige Monate vergingen. Hindrik bedurfte einer Frau, die den Haushalt führen und nebenbei seine körperlichen Bedürfnisse befriedigen würde. Im Herbst 1933 heiratete er Fenna Handlögten.

Ihre eigene Mutter hatte ihn und Andere noch gewarnt, "Sei vorsichtig! Sie ist falsch! Glaube kein Wort was sie sagt." Doch Hindrik, sehr selbstbewusst, glaubte, er würde sie schon bändigen. Sie würde sich seinem Willen unterwerfen, so wie es doch auch bei Aleida der Fall gewesen war. Alles würde gut werden.

Im Nachhinein war es fraglich, wer wen unter Kontrolle gebracht hat. Man denke an das Märchen "Hänsel und Gretel". Beherrschte der Vater tatsächlich die hinterlistige Stiefmutter? Oder meinte er, er habe sie in seiner Macht, während in Wirklichkeit die betrügerische Frau die Zügel kurz hielt?

Es gab keinen Zweifel, dass Hindrik von seiner Frau verzaubert war. Wie die Lysistrata in der griechischen Mythologie weiß eine Frau, wie sie einen Mann geschickt manipulieren kann. In der Meinung alles sei rechtens, vertraute Hindrik der Stiefmutter den Haushalt und die tägliche Kindererziehung an. Obwohl er das Oberhaupt der Familie zu sein meinte, schrieb sie vor, was im Haushalt geschah und mit wem sie Umgang haben würden. Ihre böse Zunge konnte nicht im Zaum gehalten werden und sie würde bis zu ihrem Todestag Schaden anrichten.

Das Leben der vier Stiefkinder wurde deutlich schlechter als Fenna ihr eigenes Kind zur Welt brachte. Und es hätten sich die Gebrüder Grimm (die endlich die Geschichten niederschrieben, die im Volksmund von Generation zu Generation nur mündlich überliefert worden waren) keine schrecklichere Szenerie ausdenken können, als die, die sich in diesem Haus abspielte. Eine Tochter, Adele, wurde im Dezember 1934 geboren.

Obwohl es sicher natürlich ist, dass eine Mutter ihr eigenes Fleisch und Blut bevorzugt, machte Fenna kein Hehl daraus. Die vier älteren Kinder empfingen von ihr weder Güte noch Liebe. (Waren sie jemals seit dem Tod ihrer Mutter der Liebe begegnet?)

Entwurzelt

Wenn es bei seltenen Anlässen Besonderes zu essen im Hause gab, genossen es Fenna, Hindrik und Adele. Es wurde nichts mit den Stiefkindern geteilt.

*

Da die kleine Jeanette oft zu Unrecht und mehr als die restlichen Kinder von den Eltern bestraft wurde, nahmen Freddie und Heini sie unter ihre Fittiche. Die Strafe geschah oft ohne Grund und wurde von dem schadenfrohen Gekicher der zwei Schwestern, Minnie und Adele, begleitet.

Und so kam es eines Tages, dass Jeanette eine Apfelsine auf dem Tisch entdeckte. In der Tat war es ein seltener Tag, wenn es Obst im Hause gab! Oh wie gerne würde sie die süße Apfelsine in den Mund nehmen und kosten! Das kleine Mädchen konnte nicht widerstehen und entwendete sie. Jeanette zog die Schale ab und genoss jedes saftige Stückchen. Nach dem Verzehr kam plötzlich die Angst über sie. Wenn die Eltern die Schale finden würden, wüssten sie, dass Jeanette die Apfelsine gegessen hatte. Also aß sie auch die bittere Schale.

Als Hindrik schließlich nach Hause kam, sagte ihm seine berechnende Frau, dass die Apfelsine fehle.

"Wer hat die Apfelsine gegessen?" brüllte er.

"Ich!" platzte es bei Heini heraus. Doch die versuchte Deckung nützte nichts. Jeanette wurde inmitten des aus der Ecke kommenden Gelächters geschlagen.

*

Man kann sich leicht vorstellen, dass Jeanette ihren Vater fürchtete.

Hindrik schnitt immer das Haar seiner Kinder - einschließlich Jeanettes. Wie sonst auch, holte er einen Fußhocker hervor - eigentlich ein kleines Stövchen, um die Füße zu wärmen, nachdem man draußen in der nassen Kälte des deutschen Tieflandes gewesen war.

"Setz' dich hier hin!" schrie er sie an, "und wenn du nicht still sitzt, schneide ich dir das Ohr ab!"

Erfüllt von Terror setzte sie sich gehorsam hin und gab keinen Laut von sich. Hindrik hatte nicht gemerkt, dass noch heiße Kohle im Stövchen glühten. Und in ihrer Angst vor dem Vater konnte sie es ihm nicht sagen. Ängstlich saß sie mausestill. Als Hindrik mit dem Haarschneiden fertig war, schwelte ihr Kleidchen und ihr Hintern war in einem Maße verbrannt, dass sie für den Rest ihres Lebens Narben davontrug.

*

Eines Tages kamen Freddie und Heini mit der Nachricht nach Hause, dass die Schule von Läusen befallen war. Alle Kinder müssten dagegen behandelt werden.

Sowohl den Cousins und Cousinen nebenan, als auch den anderen Kindern in der Schule, wurde von den Eltern ein Medikament verabreicht. Doch Hindrik sah das nicht ein. Wenn seine Kinder noch nicht mal eine Zahnbürste besaßen, war sicherlich nicht genug Geld da, um Anti-Läuse-Arznei zu kaufen! Er nahm die beiden Jungen und rasierte ihnen den Kopf. Problem gelöst! Er nahm keine Rücksicht darauf, wie erniedrigend diese Tat den Brüdern vor den anderen Schülern sein würde. Kinder können doch manchmal so grausam sein. Deswegen fürchteten sich

Entwurzelt

Freddie und Heini vor dem bevorstehenden Schultag. Würden sie
die einzigen kahlköpfigen Jungen in der Schule sein?

Als sie auf dem Schulhof ankamen, wurde ihre größte Befürchtung wahr. Sie schämten sich und fühlten sich gedemütigt
vor den Klassenkameraden. Sie mussten das auf sie gerichtete
Fingerzeigen, den Spott und die Erniedrigung ertragen. Auf dem
Schulweg nach Hause fing Heini zu weinen an. Freddie nahm ihn
in seine Arme und tröstete ihn, denn zu Hause gäbe es wohl niemanden, der sich darum kümmerte, was heute in der Schule ge-
schehen war.

*

Etwa ein Jahr nach der Rückkehr nach Deutschland kam
Freddie eines Tages mit einem Brief aus der Schule nach Hause.
Hindrik sollte zu einem Gespräch mit der Leherin erscheinen.

Sein erster Impuls war, zu fragen, was der Junge denn nun
angestellt hatte. Doch zu seiner Überraschung las er, dass
Freddie wahrlich ein begabtes Kind sei. Es würde Freddie ein Sti-
pendium bewilligt damit er aufs Gymnasium gehen könnte.

Zu der Zeit mussten die Schüler, die intelligent genug waren
um die höhere Schule zu besuchen, Schulgeld bezahlen. In Freddies Fall würde man auf Schulgeld verzichten. Die Familie würde
überhaupt keine Kosten dafür tragen müssen.

Was für eine Gelegenheit wäre das für ein Kind gewesen, das
schon so eine harte Jugend voller Sorgen hinter sich hatte und
dessen Familie unter den ärmsten war?

"Nein," teilte Hindrik in seiner Kurzsichtigkeit der Lehrerin
mit, "Freddie muss die Volksschule beenden, mit 14 eine Lehre

anfangen und dann so schnell wie möglich anfangen Geld zu verdienen. Er muss seinen Teil leisten, die Familie finanziell zu unterstützen. Es tut mir leid."

Hindriks Entscheidung war eine unerhörte Tragödie. Freddie wurde von seinem eigenen Vater nicht nur einer seltenen Gelegenheit, die den wenigsten begabten Schülern zuteil wurde, sondern auch einer vielversprechenden Zukunft beraubt.

Da er zu der Zeit noch ein Kind war, konnte Freddie die schwerwiegenden Folgen der Entscheidung seines Vaters noch nicht begreifen. Er war enttäuscht aber wollte seinen Vater zufriedenstellen. Er würde das tun, was sein Vater von ihm verlangte. Er würde der Familie helfen.

Andererseits sah Hindrik seine Kinder nur als Mittel zum Zweck: wie könnten sie sein Leben angenehmer machen? Er berücksichtigte weder wie diese Entscheidung Freddies ganze Zukunft prägen würde - noch dass sie seinen Sohn um ein Leben auf sowohl einer ganz anderen intellektuellen als auch finanziellen Ebene betrügen würde. Es muss ihm egal gewesen sein.

Wie die Klinge einer Guillotine, schnell und sicher, schlug Hindrik seinem Sohn die Tür vor der Nase zu - eine Tür, hinter der sicherlich eine bessere Zukunft gelegen hätte.

*

Die Hitlerjugend

Freddies Leben setzte sich unverändert fort. Jeden Morgen gab es Schule, jeden Nachmittag den Gemüsegarten oder das Torfstechen, jeden Abend die Schulaufgaben.

Wenige Schüler und Schülerinnen gingen durch die Tür, die eine höhere Ausbildung ermöglichte. Doch Freddie blieb diese Tür nun auf immer verschlossen. Die Welt war entzaubert. Wenn es jemals etwas Bezauberndes oder Sorgloses in seiner Jugend gegeben hatte, war dies jetzt mit Bestimmtheit ausgelöscht. Das Leben versprach ihm keine hoffnungsvollen Träume. Sein Horizont war begrenzt. Eine krasse Realität trat ihm direkt gegenüber.

Es müsste doch etwas geben, was sowohl herausfordernd als auch befriedigend wäre... wobei er sich selbst übertreffen könnte. Hatte sein junges Leben schon das Ende erreicht bevor es wirklich begonnen hatte?

Er dachte an die Hitlerjugend. Viele seiner Mitschüler waren schon Mitglied. 1933 erreichte die Zahl der Mitglieder der Hitlerjugend zwei Millionen. Es war eine beliebte, wachsende Organisation Jugendlicher im Alter von 14 bis 18 Jahren, die ein- oder zweimal die Woche ihre Pflicht ausübten.

Die Hitlerjugend hatte ihre eigenen Fahnen, Rituale und Uniformen für die Jungen. Es wurde ihnen das Marschieren und die Mitwirkung an festlichen Paraden beigebracht. Die Jugend bekam ein positives Selbstbewusstsein und einen Sinn für die Wichtigkeit ihrer Aufgabe. Sie folgten dem Prinzip: "Jeder führt irgendwen".

Und noch wichtiger, die Jungen waren einige Zeit von der Schule und der Autorität der Eltern befreit. Bis 1935 waren acht Millionen Jungen der Hitlerjugend beigetreten.

Sie erforschten viele Gegenden, machten Fahrradtouren, gingen schwimmen und schlugen Lager auf. Einige lernten sogar Segelflugzeuge zu fliegen oder einen Fluss hinunterzusegeln. Früher waren diese Aktivitäten nur für reiche Kinder gedacht.

Also sehnte sich Freddie nach seinem 14. Geburtstag - den Tag, an dem er der Hitlerjugend beitreten durfte. Zwei Tage die Woche konnte er dann sein Zuhause vermeiden. Für ihn war es ein neues, großes Abenteuer und eine Gelegenheit, sich auszuzeichnen und jemand von Bedeutung zu sein.

Natürlich wurde die Hitlerjugend nicht zur Unterhaltung und zum Vergnügen der Jugendlichen konzipiert. Der zugrundeliegende Zweck war es, sie auf den Krieg vorzubereiten. Hier war die Ausbildung weder kognitiv noch intellektuell, sondern es wurde das, was ein Krieg erfordert, betont: die politische und ideologische Indoktrinierung gepaart mit körperlichem Training und Abhärtung. Doch dann begannen Weltereignisse, die sie weder steuern noch aufhalten konnten, sie wie umkippende Dominosteine mitzureißen.

Im November 1937 hatte Freddie mit 15 Jahren seinen Volksschulabschluss. Danach fing er eine Lehre als Spinner in der Textilindustrie an, wie sein Vater es wünschte. Doch davor, im März 1935, hatte Hitler gegen den Versailler Vertrag verstoßen, indem er die obligatorische Wehrpflicht aller deutschen Männer einführte.

Kurz vor Anfang des Zweiten Weltkrieges mit der deutschen Invasion Polens am 1. September 1939 wurde Hindrik, der nun 39 war, eingezogen. Er diente an der westlichen Front bis zur Kapitulation Frankreichs 1940. In der Zwischenzeit hatte Freddie Ende März 1940 seine Lehre als Spinner abgeschlossen.

Als Frankreich kapitulierte, meinten Freddie und Heini, dass der Krieg bald vorüber sein würde. Sie meldeten sich freiwillig zum Militärdienst (Freddie bei der Wehrmacht und Heini bei der Marine), um die Bedingung von Hitlers neuer Wehrpflicht zu erfüllen.

Heini (15) und Hindrik mit Freddie (17) in der Hitlerjugend Uniform

Man sollte anmerken, dass Freddie deutscher Staatsbürger war, als er von der Hitlerjugend ins Heer überging. Doch Heini war automatisch US-Amerikaner, da er in Michigan geboren wurde. Dennoch, da beide deutsche Eltern hatten, wurden sie von den deutschen Behörden als Deutsche betrachtet.

Freddie und Heini hatten sich entschlossen, sobald ihre Wehrpflicht erfüllt wäre, nach Amerika zurückzuziehen. Dort war das Leben einfacher. Dort könnten Träume noch wahr werden.

Und so von einer naiven Abenteuerlust berauscht, zogen die zwei jungen Männer mit Begeisterung in den Krieg. Sobald sie 18 wurden, ging Freddie 1940 zur Wehrmacht und Heini 1942 zur Marine.

Heini (links) und Freddie Holthuis

Der Zweite Weltkrieg

Nun stieg Freddie in eine neue Phase seines Lebens ein. Sein Handeln wurde nicht mehr von seinem Vater bestimmt. Er wohnte nicht mehr zu Hause und brauchte das wenige Geld, das er verdiente, nicht mehr abzugeben um die Familie zu unterstützen. Er war jetzt auf sich allein gestellt. Er hatte die Freiheit, sein Leben selbst zu gestalten (soweit es im Leben überhaupt möglich ist), Entscheidungen selbst zu treffen, für das Vaterland zu kämpfen und es zu beschützen.

Eigentlich meinte er, dieser neue Abschnitt würde das größte Abenteuer seines Lebens sein. Er wurde ein ausgezeichneter Soldat und Schütze. Wie schon bei der Hitlerjugend trainiert worden war, war er ein Teamspieler und aufmerksamer Anführer.

Als Gruppenführer übernahm er gewissenhaft die Verantwortung. Den Männern die er unter seine Fittiche nahm, war er fair gegenüber und soweit das Schicksal es zuließ, beschützte er sie. Folglich waren sie ihm extrem treu. Und er war furchtlos. (Welchen jungen Leuten ist ihre Sterblichkeit schon bewusst?)

Freddie wurde einem Aufklärungsbataillon, dem Kradschützen-Batallion 165, einem Teil der motorisierten 16. Infanterie-Division zugewiesen. Bevor er sich dorthin begab, warnte ihn sein ehemaliger Unteroffizier: "Hoffentlich haben Sie Ihr Testament geschrieben. Sie treten einem Selbstmordkommando bei!"

Damals nahmen sowohl Freddie als auch viele andere Soldaten eine solche Mahnung nicht ernst. Sie alle befanden sich in einer Euphorie durch die scheinbar einfachen Siege der deutschen Wehrmacht. Doch es würde eine Zeit kommen, in der er sich an die Worte des Unteroffiziers erinnern würde.

Freddies Einheit wurde an der Linie postiert, an der sich nach der Aufteilung Polens die Russen und die Deutschen gegenüberstanden. Dort befand er sich, als die deutsche Invasion Russlands - Unternehmen Barbarossa - am 22. Juni 1941 begann.

Und damit ging es mit seiner dreijährigen „all-inclusive-Reise" nach Russland los!

In Russland wurde die Division in die 16. Panzergrenadier-Division umgeformt und sie erhielt den Spitznamen "Windhund-Division" wegen ihrer schnellen und weiten Vorstöße über die russischen Steppen bis nach Astrachan an der Wolga.

In dieser Einheit fuhr Freddie ein Motorrad mit Beiwagen. Hier lernte er auch Paul Giloy, seinen Zugführer, kennen. Die zwei Kameraden wurden eng befreundet - ein unzertrennliches Team. Sie kämpften heftig Seite an Seite und taten alles ihrer Meinung nach, was einen schnellen Sieg fürs Vaterland und damit auch die endgültige Rückkehr nach Hause veranlassen würde.

In ihrer Überschwänglichkeit konnten sie weder etwas falsch machen noch besiegt werden. Immer wieder überlebten sie die Ein- oder Zwei-Mann-Patrouillen, während sie hinter den feindlichen Linien dem Tod ins Gesicht schauten. Und immer wieder gelang es ihnen, die Befehlsziele auszuführen. Freddie und Paul waren wagemutig, manchmal sogar unverschämt leichtsinnig. Sie tanzten mit dem Tod. Ihre Bravur brachte ihnen beiden bemerkenswerte Beförderungen ein und sie wurden mehrmals mit Orden ausgezeichnet.

Im Herbst 1942 ließ sich die Division für den Winter in der Nähe von Kursk nieder. Die Wetterverhältnisse waren extrem. Die Temperaturen sanken oft auf minus 45° Celsius.

Im darauffolgenden Frühling kämpfte sich die Division vorwärts bis in den Kaukasus in der Nähe von Maikop. Dann rückten sie weiter gegen Norden und übernahmen die Stadt Elista in der Kalmückensteppe. Nicht nur hatten sie jetzt mit dem extremen Wetter zu kämpfen, sondern auch mit Wassermangel. Sowohl die Deutschen als auch die Russen kämpften um die Kontrolle der seltenen Wasserbrunnen.

Hier sollten sie hinter die russische Front nach Astrachan vordringen um dort eine Brücke, Teil der Eisenbahnlinie zwischen Baku und Astrachan, zu sprengen. Freddie war einer des 26-Mann-Trupps, dem diese Aufgabe zugewiesen wurde. Doch die Brücke wurde von den Russen stark bewacht und beschützt. Es war ihnen nicht möglich, den Befehl auszuführen.

Vielmehr entdeckten die Russen den Trupp und erzwangen seinen Rückzug. Es war egal, in welche Richtung die Männer vordrangen, sie waren immer von Russen umgeben. Unter Beschuss liefen sie sieben Tage lang im Zickzackkurs über das Gelände und legten eine Strecke von 872 Km zurück. Ihnen war das Wasser ausgegangen und sie tranken notgedrungen aus verseuchten Teichen. Als sie endlich wieder ihr Basislager erreichten, war wie durch ein Wunder nur einer von ihnen verwundet und zwei weitere mussten mit Typhus ins Lazarett. (Nach dem Krieg erfuhr man, dass der Trupp mit dieser Aufgabe den östlichsten Punkt der deutschen Front in Russland erreicht hatte.)

Der Herbst 1942 brachte für die Division einen Wendepunkt mit sich. Sie war kurze Zeit von den Russen umzingelt. Nachdem sie sich aus der Einkesselung freigekämpft hatte, befand sie sich in Utta. Von da zog sich die Division langsam über Jaschkul nach Elista zurück. Im Januar 1943 ließ sie die Kalmückensteppe in Richtung Rostov am Don hinter sich. Der Wendpunkt der Division wurde Freddie auch zum persönlichen Wendepunkt.

Die Realität zeigte ihm nun ihr wahres Gesicht. Sein größtes Abenteuer platzte vor seinen Augen wie ein Luftballon und ließ ihn den Krieg als den tödlichen Alptraum, der er in Wirklichkeit war, sehen.

Am 26. Januar 1943 im Nahkampf von Haus zu Haus wurde Freddie in der Brust angeschossen. Dem Tode nahe lag er zwei Stunden lang im gefrorenen Schnee. Seine Kameraden konnten ihn nicht holen, bevor sie nicht die Russen zurückgedrängt hatten. Als Freddie wieder zu sich kam, lag er im Krankenhaus in Warschau.

Er erholte sich von dieser Wunde, wurde aber im Juli ein zweites Mal verwundet. Er entkam knapp der Amputation seines Beines. Nach seiner zweiten Genesung musste sich die Division erneut zurückziehen. Diesmal hielt sie nördlich vom Schwarzen Meer in Saporischschja an.

Es war der 23. September 1943. Die deutschen Soldaten wurden unter Beschuss von den Russen gejagt. Um zu entkommen, blieb ihnen nichts übrig, als zur anderen Seite des Dneprs zu schwimmen. Als Gruppenführer schrie Freddie seine Kameraden an, sie sollten sich vom starken Strom des Flusses abwärts, weg von den Russen, treiben lassen statt gegen den Strom anzukämpfen. An diesem Tag verlor die Kompanie 28 Männer, nicht weil die Männer unter Beschuss standen, sondern weil sie nicht schwimmen konnten.

Dann am 28. September berührte der Tod auch Freddie.

Paul wurde tödlich am Kopf von einem Schrapnell getroffen. Freddie saß an seiner Seite und hielt seine Hand als Paul ins Feldlazarett gebracht wurde. Er sah zu, als die Seele seines engen Freundes langsam den Körper verließ. Paul starb, bevor sie das Lazarett erreichen konnten.

Plötzlich wurde Freddie bewusst, dass Ludwig Uhland das Gedicht "Ich hatt' einen Kameraden" über sie beide hätte schreiben können:

Ich hatt' einen Kameraden,
Einen bessern findst du nit.
Die Trommel schlug zum Streite,
Er ging an meiner Seite
In gleichem Schritt und Tritt.

Eine Kugel kam geflogen:
Gilt sie mir oder gilt sie dir?
Sie hat ihn weggerissen,
Er liegt zu meinen Füßen
Als wär's ein Stück von mir.

Will mir die Hand noch reichen,
Derweil ich eben lad'.
"Kann dir die Hand nicht geben,
Bleib du im ew'gen Leben
Mein guter Kamerad!"

Musik: Friedrich Silcher

Am nächsten Morgen, von Schock und Verleugnung betroffen, stand Freddie an Pauls Grab. Schweren Herzens empfand er eine Leere im Inneren seines Wesens. "Wie kann dies nur sein?" fragte er sich selbst. "Wie kann es sein, dass es Paul nicht mehr gibt? Wir hatten doch bisher immer überlebt! Wir waren ein Team!"

Es war das erste Mal seit Anfang des Krieges, dass Freddie ängstlich wurde. Würde er der Nächste sein, der leblos aufgebahrt werden würde?

Als er hörte, dass das Bataillon auf acht Tage Erholung nach Friesendorf in der Ukraine herausgezogen werden würde, spürte Freddie eine gewisse Erleichterung. Er hätte dann die Gelegenheit, mit dem Verlust Pauls fertigzuwerden und zu trauern. Und er würde sich Gedanken darüber machen, wie er den Rest des Krieges überleben könnte.

"Das große Abenteuer" gab es nicht mehr. Es war Illusion. Was übrig blieb, war brutale Realität. Und diese Realität würde ihr widerliches Gesicht noch mehrfach offenbaren.

In Friesendorf zog die Kompanie in ihre Quartiere ein. Ein Brief von Hindrik war angekommen.

Hindrik schrieb des Öfteren - eigentlich jeden Sonntag - damit er die Morgenpredigt mit seinen Söhnen teilen konnte. Freddie überflog die ersten Absätze (die vermeintliche Predigt, die immer am Anfang des Briefes stand) und wollte ein paar Seiten weiter das Neueste aus der Familie und dem Freundeskreis in Nordhorn lesen.

Er stolperte über den Satz "Heini war ein guter Junge. Er machte sich immer Sorgen um Dich."

"Mein Gott!" dachte Freddie. "Das kann doch nicht sein! Nicht Heini auch?!"

Dann las er oben im Brief weiter, dass Heini am 14. September in der Nähe von Cherbourg in Frankreich gefallen war.

Als er Schiffe aus dem Hafen geleitete, wurde er von einem britischen Kampfflugzeug beschossen. Er starb später am Tag auf dem Operationstisch.

Innerhalb von zehn Tagen verlor Freddie seinen engsten Freund und seinen einzigen Bruder. Innerhalb dieser zehn Tage wurde seine ganze Welt zerschmettert.

Er setzte sich hinter eine Scheune mit dem Brief seines Vaters in der Hand. Tränen überströmten sein Gesicht. Noch nie zuvor fühlte er sich so einsam und verlassen. Die Schmerzen über Pauls Tod waren schon verheerend genug. Es war unmöglich, noch mehr Schmerzen ertragen zu müssen. Und jetzt kam Heinis Tod hinzu.

Wo blieb unser barmherziger Gott? Wie konnte Gott es erlauben, dass ein Mann so für Menschen Unerträgliches leiden musste? Freddie wurde durch die Schwere seiner Trauer erdrückt. Mehr könnte er nicht ertragen. Mit erhobenen Armen und auf den Knien flehte er Gott an, "Hast Du mich verlassen?"

Es steht ein Soldat am Wolgastrand,
Hält Wache für sein Vaterland.
In dunkler Nacht allein und fern--
Es leuchtet ihm kein Mond, kein Stern.
Regungslos die Steppe schweigt,

Adelheid Holthuis

Eine Träne ihm ins Auge steigt!
Und er fühlt, wie's im Herzen frißt und nagt,
Wenn ein Mensch verlassen ist,
Und er klagt und er fragt:
Hast du dort oben vergessen auf mich?
Es sehnt doch mein Herz auch nach Liebe sich.
Du hast im Himmel viel Engel bei dir,
Schick' doch einen davon auch zu mir!

Text: : Heinz Reichert und Bela Jenbach
aus der Operette *Der Zarewitsch*
von Franz Lehar

Freddies Verzweiflung hätte nicht größer sein können. Dennoch wurden die Verhältnisse nicht besser. Deutschlands Lage verschlechterte sich und Freddie würde es auch nicht besser ergehen. In der Tat müsste er Glück haben, um einfach nur zu überleben. (Von denjenigen, die zwischen 1921 und 1925 geboren wurden, ist jeder dritte Deutsche an der Front gefallen. Es gab in Deutschland kaum einen Haushalt, der vom Tod "übergangen" wurde. Fast jede Familie verlor jemanden.

*

Mittlerweile, zu Hause in Nordhorn, gebar Fenna einen Jungen im Frühling nach Heinis Tod. Er bekam den Namen Heinrich Berthold, doch zu Hause nannte man ihn "Heini".

Wenn in Nordhorn die Sirenen Alarm schlugen und die Bevölkerung vor einer unmittelbaren Bombardierung warnten, nahm die Familie das kleine Baby, legte es in einen Wäschekorb und ging zum nächsten Bunker in Deckung.

Jeanette, die mittlerweile 15 und eine junge Frau geworden war, hatte einen festen Freund, Günther Olbrich. Seine Familie,

Deutsche aus Schlesien, waren nach Nordhorn geflüchtet. Hindrik, der sicherlich an seine eigene Vergangenheit dachte, wedelte vehement seinen erhobenen Zeigefinger vor ihrem Gesicht und brüllte sie an: "Ich warne dich. Wenn du schwanger wirst, nehme ich die Axt und schlage dich tot!"

Sie weinte bitterlich, nicht wissend, dass Hindrik selbst diese „abscheuliche Sünde" begangen hatte (da er Aleida drei Monate vor Freddies Geburt heiraten musste).

*

Im Frühling 1944 wurde die 16. Panzergrenadier-Division in die 116. Panzer-Division umbenannt. Sie wurde nach Frankreich verlegt, was das Kämpfen mit amerikanischen Truppen bedeutete.

Anfang November zog sich die Division nach Deutschland in den Hürtgenwald zurück. Dort gab es eine der heftigsten Schlachten des ganzen Krieges. Innerhalb weniger Wochen sind 80.000 deutsche und amerikanische Soldaten gefallen. Freddie überlebte diese Schlacht, wurde aber Anfang 1945 von den Amerikanern gefangen genommen. Im Mai desselben Jahres endete der Krieg in Europa. Für Freddie folgte ein Jahr Gefangenschaft in der neuen Friedenszeit.

Bis März 1946 war ihm die Gefangenschaft leid geworden. Freddie wollte nach Hause und entschloss sich, aus dem amerikanischen Gefangenschaftslager in Reims, Frankreich zu fliehen.

Dies würde aber ohne einen sorgfältigen Plan scheitern. Er durchdachte alles sehr genau: Freddie und fünf von seinen deutschen Kameraden im Lager mussten ein Fahrzeug organisieren, das sie dicht an die deutsche Grenze bringen würde. Sie bräuchten eine amerikanische Uniform, einen Kompass, eine Landkarte, Lebensmittel nebst zusätzlichen Proviant und angemessene, gefälschte Papiere. Und der Plan lautete so: Freddie, der in Michigan Englisch gelernt hatte, würde sich als amerikanischer Unteroffizier verkleiden und vorgeben, einige deutsche Gefangene im Auftrag mitzunehmen.

Zu der Zeit war es erlaubt, dass deutsche Gefangene Fahrzeuge aus dem Abstellplatz für Kraftfahrzeuge fahren durften. Die fünf Gefangenen kletterten in einen LKW, während Freddie sie mit englischen Befehlen anschrie. Je mehr er brüllte, desto mehr gefiel es der Wache. Ihm wurde mehrfach salutiert, als sie die Einzäunung verließen. Und dann, wie geplant, verschwanden die sechs Gefangenen.

Sie fuhren in Richtung Metz, überquerten die Mosel und fuhren zum nächsten Wald. Dort ließen sie den LKW stehen, gingen den Waldrand entlang und warteten auf die Dunkelheit.

Unter der amerikanischen Uniform trug Freddie noch die Gefängniskleidung. Er nahm die Uniform und verbrannte sie, denn er wollte nicht in amerikanischer Uniform in Deutschland ertappt werden.

Und dann ging es bei Nacht weiter. Bei Tag versteckten sie sich hinter Büschen und Bäumen.

In der dritten Nacht erreichten die sechs Männer ein Dorf. In einem Haus brannte Licht. Sie klopften an und fragten den Mann, der die Tür öffnete, wie man zur deutschen Grenze käme. Der Franzose gab ihnen ganz ausführliche Anweisungen:

"Gehen Sie geradeaus durch das Dorf über die Wiese. Oben auf dem Hügel sehen Sie dann einen Stall. Gehen Sie 200 Meter weiter und Sie werden eine mit Ranken bewachsene Böschung erreichen. Das ist die Grenze."

Die Männer gingen dann in den Fußstapfen des vor ihnen Gehenden weiter. Sie nahmen Zuflucht in dem Stall bis der Mond aufging und ihnen den Weg beleuchtete. Um 2 Uhr in der Nacht kletterten sie die Böschung hinunter, verfingen sich mehrmals in den Ranken und wären fast lawinenartig den Hügel hinuntergekullert.

Sie erreichten Mondorf in Deutschland, wo die Menschen im Keller wohnten, da nicht ein einziges Haus noch stand. In einem Kellerfenster brannte ein Licht. Als die Frau, die dort wohnte, hörte, welchen Weg die Männer gegangen waren, wurde sie kreideweiß.

"Mein Gott!" rief sie. "Sie sind doch direkt durch ein Minenfeld gegangen! Keiner geht dort Patrouille, denn niemand würde es schaffen, lebend da rauszukommen!"

Im nächsten Ort, in Mechern, bekamen sie Zivilkleidung, die sie gegen Schokolade, Seife und Tabak getauscht hatten. Von Mechern stiegen sie in einen Zug nach Bingen am Rhein.

Am Rheinufer lernten sie eine Frau kennen, die die Männer in ihr Haus auf eine Insel mitten im Rhein mitnahm. Am nächsten Morgen fuhr sie sie zur anderen Seite.

Hier trennte sich die Gruppe. Zwei von ihnen waren "zu Hause" in der russischen Zone; drei andere mussten zur amerikanischen Zone und Freddie musste in Richtung Norden in die britische Zone.

Die Zugverbindungen waren zu der Zeit erbärmlich. Man kam nicht von Punkt A nach Punkt B, ohne eine Zickzacklinie durch die Landschaft zu fahren. Also setzte Freddie seine Reise von Geisenhein am Rhein über Kassel in Richtung Göttingen fort. Bevor er Göttingen erreichte, hielt der Zug plötzlich in Eichenberg an.

Dort war der Kontrollpunkt der britischen Zone. Alle Passagiere mussten kurz aussteigen, damit die amerikanische Militärpolizei die Ausweispapiere der Reisenden stichprobenartig überprüfen konnte.

Freddie hatte einen Schuhkarton bei sich, in dem sich ein Schälmesser und ein Stück Brot befanden. Ein Sergeant näherte sich ihm und fragte ihn in schlechtem Deutsch: "Was ist in dem Schuhkarton? Öffnen Sie ihn!"

Freddie öffnete ihn und der Sergeant trat ihm den Karton aus den Händen. Der Inhalt wurde auf den Boden verstreut. Freddie blieb still, obwohl er sonst dazu neigte, etwas zu sagen, wenn etwas nicht rechtens war. Er hob seine Sachen ruhig auf und der Sergeant ging weiter.

Der Reisende neben ihm wollte ihn zurechtweisen: "Sowas müssen Sie doch nicht mitmachen!" tadelte er. "Warum beklagten Sie sich nicht?"

Freddie antwortete: "Es ist mir egal, dass er meine Sachen auf den Boden trat. Sie wissen gar nicht wie glücklich ich bin, dass er meine Papiere nicht verlangt hat!"

Zwölf Tage nachdem er Reims verlassen hatte, erreichte Freddie endlich Nordhorn.

Diese Phase seines Lebens nahm jetzt ein Ende. Er war ein vorzüglicher Soldat gewesen, und war deswegen vier Mal befördert worden. Und das Vaterland zeichnete ihn mit den folgenden Orden aus:

1.) am 4. Februar 1943 das Eiserne Kreuz 2. Klasse
2.) am 23. Februar 1943 das Verwundetenabzeichen in Schwarz aufgrund seiner ersten Verwundung
3.) am 2. September 1943 das Verwundetenabzeichen in Silber aufgrund seiner dritten Verwundung
4.) am 12. Januar 1944 das Sturmabzeichen aufgrund dreier Sturmangriffe an drei verschiedenen Kampftagen in vorderster Linie
5.) am 12. Januar 1944 die Nahkampfspange in Bronze für 15 Nahkampftage
6.) am 26. Juli 1944 die Nahkampfspange in Silber für 30 Nahkampftage

*

Man kann sich vorstellen, dass diese Auszeichnungen Freddie mehr bedeuteten als einfache Sammlerstücke. Sie waren ein Zeugnis seiner Courage, des Gehorsams gegenüber seinen Befehlshabern und der Verantwortung als Gruppenführer gegenüber seines Trupps. Sie symbolisierten Ehre und Pflichterfüllung.

Diese kleinen Metallstücke waren alles, was von seinen kühnen Taten übrigblieb. Sie erinnerten an die Hölle des Krieges und den herzzerreißenden Tod der Kameraden. Sie erzählten von des Trägers unzähligen Begegnungen mit dem Tod.

Sie versinnbildlichten und umfassten alles, was Freddie in den letzten vier Jahren seines Lebens erfahren hatte. Sie beschwörten in ihm den ganzen Umfang seiner Gefühle herauf.

Nein, sie waren nicht nur Auszeichnungen oder Sammler-stücke. Man braucht nicht zu betonen, dass Hindrik den persönli-chen Wert der Auszeichnungen gar nicht schätzen konnte, als er sie ohne zu zögern oder nachzudenken zugunsten der Familie für ein paar Mark verkaufte.

*

Vechte Partie und Alt-Reformierte Kirche in Nordhorn

Zu Hause in Nordhorn

Er war einen Weg gegangen, der ihm sechs lange Jahre seines Lebens gestohlen hatte. Endlich war Freddie wieder zu Hause!

Er wurde offiziell aus der Wehrmacht am 15. Oktober 1946 entlassen. Es war jetzt an der Zeit, ein "normales" Leben in der neuen Friedenszeit zu führen (obwohl es ihm nicht klar war, was das genau bedeutete). Soviel hatte sich geändert.

Deutschland war zerstört worden. Sogar in Nordhorn zeugten vereinzelte Häuser, die beschädigt oder verbrannt waren, vom Krieg.

Auch hatte der Krieg bei Freddie seine Spuren hinterlassen. Nach sechs Höllenjahren konnte ihn niemand verstehen, es sei denn, er hatte Ähnliches erlebt. Doch von den Schulkameraden waren nur vier aus dem Krieg lebend zurückgekehrt.

Als er in den Krieg ging, war er Teenager. Er kehrte als Mann zurück. Die Jahre dazwischen waren verloren. Man konnte die versäumten Geschehnisse der Vergangenheit nicht nachholen.

Freddie wusste, dass er im Hause seiner Eltern nicht lange verweilen konnte. Es war eine Entfremdung entstanden. Niemand versuchte ihn zu verstehen.

Er wollte auch nicht länger die Familie finanziell unterstützen. Er wollte seine eigene Familie und sein eigenes Leben. Er würde selbstständig vorwärts in die Zukunft streben und war bereit, einen völlig neuen Weg zu gehen - wohin auch immer er führen würde.

Freddies Optimismus war wieder da und er war voller Hoffnung. Es war doch eine total neue Welt - ein neuer Anfang.

Trotz allem Schlechten hatte der Krieg auf Freddie auch eine tiefgreifende positive Wirkung und brachte eine Veränderung in seiner Beziehung zu Gott hervor. Diese Beziehung wurde das oberste Gebot seines Lebens.

Während der letzten sechs Jahre hatte Gott ihn durch Trauer und Tod getragen. Freddie dankte Ihm dafür, dass Er ihn heil durch den Krieg gebrachte hatte (obwohl er nicht verstand warum er überlebte und andere hatten sterben müssen). Dennoch war sein Glaube nun vorrangig. Er war authentisch. Freddie beschloss, in allen Umständen des Lebens, sowohl in guten als auch in bösen, zu Gott aufzuschauen. Er sollte ihn führen und leiten. Zusätzlich beschloss er nun als Zivilist, dass die Kirche ein wesentlicher Teil seines neuen Lebens sein sollte. In der Evangelisch-Freikirchlichen Gemeinde (Baptisten) in Nordhorn würde er die gesellschaftliche Seite seines Lebens unter Gläubigen suchen.

Dort gab es eine eng verbundene Gruppe junger Leute. Sie, inklusive Freddies Cousins, versammelten sich nicht nur in der Kirche. Sie waren immer zusammen.

Trotz Freddies harte Jugend hatte er immer die Zeit und Energie gefunden, Streiche zu spielen. Das hatte sich mit den Jahren nicht geändert. Der Krieg hatte vielen alles genommen. Deswegen sorgte ein Scherz hier und da bei Manchen für gute Laune. Johanna, Freddies Cousine, war eines seiner unglücklichen Opfer.

Sie heiratete im Oktober 1946. An ihrem Hochzeitstag stahlen sich Freddie und seine Komplizen ins Haus ihrer Mutter, wo

Baptisten Gemeinde in Nordhorn (gebaut 1909)
Bild aus der Arthur Lieske Sammlung, Nordhorn

Johanna mit ihrem Mann die Hochzeitsnacht verbringen würde. Diese Schlingel nagelten den Rahmen des Bettes an die Decke. Das bestürzte Paar musste nun für die Nacht ein anderes Bett suchen! Natürlich konnten sie sich denken, wer die Täter waren!

Auch die Musik blieb Freddie ein angenehmer Zeitvertreib. Er hatte immer noch die Mundharmonika, die seine Mutter ihm beim damaligen Deutschlandbesuch, als sie zu dritt dort gewesen waren, geschenkt hatte.

Oft sprang Freddie auf sein Fahrrad, hielt am Haus eines ahnungslosen Mädchens an und brachte ihr von der Straße aus ein kleines Ständchen. Es war eine schmeichelhafte Geste und - besonders in den ersten Jahren nach dem Krieg - Balsam für die Seele.

Freddie nahm sich auch vor, das Gitarrespielen zu lernen. Es gab keinen Lehrer und daher beschloss er, es sich selbst beizubringen.

Er meinte, die Violine sei ein vergleichbares Instrument. Sie hatte vier Saiten. Also bekam die Gitarre auch vier. Die Gitarre wurde dann auch wie eine Violine gestimmt. Dann entwarf er eine Vorrichtung, die seine Mundharmonika vor seinen Mund hielt, ohne dass er sie anfassen musste. So konnte er beide Instrumente zur gleichen Zeit spielen. Da er nun mal so musikalisch war, überrascht es auch nicht, dass er dem Kirchenchor beitrat.

Es geschah eines Abends während der Chorprobe, dass eine junge, vornehm aussehende Frau in der Berufskleidung einer Krankenschwester erschien. Sie wollte zu ihrer Schwester Berndine, einer Kriegswitwe, die auch Mitglied des Chores war.

Die unbekannte Frau erregte die Aufmerksamkeit mehrerer Leute, einschließlich unseres Freddies und seines Freundes Harm.

Harm wusste, dass diese Krankenschwester, die Gerda hieß, bei ihrer Schwester wohnte, nicht weit entfernt von Freddie. Er schubste Freddie leicht und sagte: "Du kennst doch Berndine. Frag' sie, ob wir kommen dürften um Gerda kennenzulernen."

Das tat Freddie auch.

Dritter Teil

Freddie und Gerda

Freddie vereinbarte mit Berndine einen Termin, an dem die zwei jungen Männer kommen durften, um Gerda kennenzulernen. Berndine stellte sie als "Gerdi" vor, da die Familie sie so nannte, seitdem die gleichnamige Cousine bei ihnen wohnte.

Sie verbrachten einen geselligen Abend zusammen. Harm war ausgesprochen von Gerda bezaubert und konnte sich auf dem Heimweg kaum beherrschen. Er war so aufgeregt.

"Ist sie nicht wundervoll?" rief er aus. "Außerdem ist sie so schön!"

"Ich mag sie auch," sagte Freddie dazu, "aber du hast dich zuerst nach ihr erkundigt. Also machen wir Folgendes", fügte er entscheidend hinzu. "Ich gebe dir drei Wochen, mit ihr auszugehen. Wenn du während der Zeit keinen Zug gemacht hast, übernehme ich."

Innerhalb der nächsten drei Wochen erinnerte Freddie Harm mehrmals daran, dass ihm die Zeit davonliefe.

Harm sah niedergeschlagen aus. "Ich habe das Gefühl, Gerda ist überhaupt nicht an mir interessiert," murmelte er verzagt.

Die drei Wochen vergingen. Freddie war bereit, sein Glück zu versuchen.

Das Holthuis-Haus lag an der Bentheimer Straße in Nordhorn, einer Hauptstraße, die zwischen Nordhorn und Bentheim verlief. Gerda fuhr oft mit dem Fahrrad diese Straße entlang, wenn sie Besorgungen machte oder auf dem Weg zu ihren Patienten war. Und so kam es eines Tages, dass Freddie vor dem Holthuis-Haus stand als Gerda sich näherte.

"Gerdi," rief Freddie als er sie sah. "Hast du's eilig?"

Entwurzelt

Sie sprang vom Rad und antwortete: "Nein, warum fragst du?"

"Hättest du Lust, mit mir ein bisschen spazieren zu gehen?" erwiderte er.

Sie machten einen langen Spaziergang am Fluss entlang und durch den Wald. Gerda hörte Freddie geduldig zu als er unaufhörlich erzählte. Sie gefiel ihm und er wollte ihr soviel mitteilen.

Gerda auf ihrem Fahrrad

Er war ein aufrichtiger junger Mann. Er wollte, dass Gerda alles über ihn sofort erfahren sollte, damit sie ihn umgehend ablehnen könnte, falls sie kein Interesse hätte. Nachdem Freddie

93

schon so viel Zeit seines jungen Lebens während des Krieges verloren hatte, war dies kein Spiel.

Er erzählte von seiner Kindheit, von dem Tod seiner Mutter und über den Krieg. Er sprach von Heini und Paul. Und er sagte ihr, dass er die Gelegenheit aufs Gymnasium zu gehen versäumt hatte, ohne dafür seinen Vater verantwortlich zu machen. (Er wollte keinen anderen Menschen verunglimpfen und vermied es generell, Negatives über die Familie zu reden.)

Doch Gerda war eine sensible, intelligente Frau. Sie hörte zu, sprach wenig und mutmaßte viel darüber, wie die Ereignisse in Freddies Leben zustande gekommen waren.

Freddie fuhr fort, ihr sein Herz auszuschütten und sagte Gerda freiheraus, dass er einer Frau hinsichtlich materiellen Reichtums nicht viel bieten könne.

Die beiden waren mehr als zwei Stunden unterwegs. Endlich kehrten sie zu Freddies Haus zurück und holten Gerdas Fahrrad. Freddie begleitete sie nach Hause.

Als sie bei Berndine ankamen, fragte Freddie, ob er sie nochmal sehen könnte. Gerda war gutherzig und einfühlsam. (Es waren Eigenschaften, die ohne Zweifel dazu beitrugen, dass sie solch eine fürsorgliche Krankenschwester war.)

Sie war von seiner Demut und Ehrlichkeit angetan und fühlte seinen Schmerz wenn er über seine Vergangenheit sprach. Sie antwortete "Ja." Sie würde ihn gerne nochmal sehen. Das war im Februar 1947.

Es verging wenig Zeit, bevor das Paar sich entschloss zu heiraten. Gerda kennenzulernen war das Beste, was Freddie je passiert war. Er hätte keine bessere Frau finden können und er liebte sie inniglich.

Gerda liebte Freddie auch. Er war ein guter Mann.

*

Es war damals in Deutschland Sitte, dass die Verlobungsfeier fast so groß wie die Hochzeit selbst gefeiert wurde. Sie schenkten sich gegenseitig goldene Eheringe. Es war eine wahre Verlobung indem jeder dem anderen die Ehe versprach.

Freddie wollte, dass die Verlobung am 5. Oktober 1947, dem Geburtstag seiner Mutter, stattfand. Sie feierten im Haus von Gerdas Eltern in Gildehaus, wo beide Familien anwesend waren.

Obwohl es schwer war, so bald nach dem Ende des Krieges Lebensmittel zu bekommen, war es eine fröhliche Feier. Die Ringe wurden ausgetauscht: jeder steckte dem anderen den Ring auf den Ringfinger der linken Hand. (Am Hochzeitstag würden dann die Ringe auf die rechte Hand wechseln, was dann symbolisierte, dass sie Mann und Frau seien.)

Gerda war zu dieser Zeit bereit sich zu verheiraten. Sie meinte, Freddie würde ein guter Mann und Vater sein. Sie würde ihm in allen Dingen zur Seite stehen und eine gute Lebensgefährtin sein.

*

Nach der Verlobung dauerte es nicht lange, bis Hindrik und Fenna ihr wahres Gesicht offenbarten. Sie zeigten ihre ablehnende Haltung Gerda gegenüber und wie sie in Wirklichkeit waren.

Sie mochten sie einfach nicht. Gerda irritierte sie, besonders Fenna. War Fenna auf Gerdas Jugend und Schönheit neidisch?

Oder lag es daran, dass Gerda intelligent, gebildet und gut erzogen war? Gönnten sie Freddie keine gute Partie?

Oder störte es Hindrik, dass Gerda sich von ihm nicht unterwerfen ließ, dass sie den Mut hatte, ihre Meinung zu äußern? Oder konnte es sein, dass sie gereizt waren, weil Freddie von nun an zu Hause kein Kostgeld mehr zahlen würde? Er würde seine eigene Familie finanziell unterstützen müssen.

Trotz Fenna und Hindriks Denkweise blieben Freddie und Gerda ungestört in ihrer eigenen kleinen glücklichen Welt. Sie hatten deren Feindseligkeit noch nicht richtig wahrgenommen. Sie schauten nach vorne und freuten sich auf ihre bevorstehende Hochzeit. Sie würden sich um einander kümmern, ein eigenes "zu Hause" schaffen und zufrieden und glücklich sein. Um diese Zeit war es ihnen gar nicht möglich, sich vorzustellen, was für eine vernichtende Wirkung der erweiterte Familienkreis auf eine Ehe haben konnte.

*

Das Haus ihres Vaters Fritz gehörte der Familie schon seit mehr als drei Generationen. Er hatte das junge Paar gebeten, nach der Eheschließung zu ihm und Gerdas Stiefmutter, Aleida, zu ziehen. Sie würden auch älter werden und es wäre dann gut, die jungen Leute bei sich zu haben. Als Gegenleistung würden Gerda und Freddie das Haus eventuell erben.

Der Eingang des roten Backsteinhauses ihrer Ahnen war mitten im Gebäude und führte zur Diele. Nach links ging es in die eigentlichen Wohnräume der Familie. Rechts von der Diele waren die Tierställe in denen sich oft eine Ziege oder ein Schwein

Entwurzelt

Gerda und Freddie

Das "stille Örtchen" war ein sehr kleiner Raum mit einer
Tür, die für etwas Privatsphäre sorgte. Im Inneren befand sich

dann das "Plumpsklo" aus Holz, mit einer runden Öffnung und passendem Holzdeckel dazu. Zeitungspapier, in Quadrate geschnitten, lag ordentlich gestapelt daneben. Hoch über dem Plumpsklo war ein kleines Fenster, das die oft eisige, frische Luft hereinließ.

Die entstehende Jauche sammelte sich in einer von außen zugänglichen Betonzisterne an. Wenn es Zeit war, den Garten zu düngen, zog Fritz sich die Holzschuhe an, die immer draußen vor der Eingangstüre standen, und die er ständig im Garten trug oder wenn er das Vieh füttern musste. Um die Jauche aus der Zisterne herauszuholen, hatte er eine lange Stange mit einem Eimer am Ende, die er durch die Zisternenöffnung einführte. Dann wurde die Jauche über das Gemüse im Garten hinter dem Haus verteilt.

Wie schon erwähnt, war das Klo oft ein kalter Ort - besonders nachts mitten im Winter. Außerdem war es ein weiter Weg von den Schlafzimmern am anderen Ende des Hauses. Also hatte jeder einen Nachttopf unterm Bett, der jeden Morgen geleert wurde.

Direkt links neben der Diele war dann der wichtigste Raum im Haus, die Küche. Sie war der Hauptversammlungsort der Familie und war auch das einzige Zimmer im Haus, das ständig warm zu sein schien, da der Herd meistens glühende Briketts oder Kohle, die vom Kochen übrig geblieben war, enthielt.

Dieser Herd aus Gusseisen war sicherlich die teuerste Einrichtung im Haus. Er stand auf vier eisernen Füßen und war an den Seiten mit weißer Emaille verkleidet. Der allgegenwärtige Wasserkessel und beliebige Kochtöpfe standen auf konzentrischen Ringen über der glühende Hitze. Abhängig von der Größe des Topfes konnten die Ringe entfernt bzw. eingesetzt werden. Natürlich war der Wasserkessel die einzige Quelle heißen Wassers im ganzen Haus. Einen Backofen gab es auch, aus dem Gerda die leckersten Kuchen hervorzauberte, obwohl er keinen Thermostat hatte.

Jeden Tag nach dem Kochen wurde der Herd blitzblank poliert. Der angenehme Geruch von Herdpolitur durchdrang dann das ganze Haus und man wusste, dass die morgendliche Hausarbeit fertig war. Nun gab es Zeit, ein bisschen zu handarbeiten - einen Pullover für den Winter fertigzustricken oder die Löcher in den Socken zu flicken.

Oft um diese Zeit des Tages wurde Kaffee oder Tee getrunken, besonders wenn Besuch eintraf. Falls Kaffee oder Tee nicht vorrätig waren, holte Gerda dann eine Flasche "Aufgesetzten", einen selbstgemachten Likör aus Schnaps oder Branntwein mit Obst oder Beeren, je nachdem was gerade im Garten wuchs.

Hatte die Familie jedoch gerade Kaffee zu Hause, holte Gerda die Kaffeemühle heraus, füllte sie mit Kaffeebohnen und setzte sich auf einen Stuhl mit der Mühle zwischen den Knien.

Dann, wie die Furie die sie oft war, drehte sie den Griff so vehement, dass sogar eine elektrische Mühle den Kaffee nicht schneller hätte mahlen können. Der frisch gemahlene Kaffee fiel in eine kleine Schublade unten in der Mühle und konnte jetzt gebrüht werden.

Der Wasserkessel, der ununterbrochen auf dem Herd stand, wurde mit Wasser gefüllt und zum Kochen gebracht. Die Kaffeekanne aus Porzellan mit einem Filterbehälter oben darauf stand ebenso auf dem Herd bereit. (Es gab schon viel länger gefilterten Kaffee in Deutschland als in den U.S.A.. In Amerika wurde der Kaffee in einem *Perculator* gekocht - oder besser gesagt verkocht - denn der Kaffee schmeckte oft bitter oder verbrannt. Zusätzlich hatten die amerikanischen Kaffeebohnen nicht die Qualität der deutschen.) Es wurde dann nach und nach das kochende Wasser in den mit frisch gemahlenen Kaffee gefüllten Filter gegossen bis die Kaffeekanne voll war. Um den Kaffee warm zu halten setzte Gerda die Kanne statt des Deckels in die Öffnung des Wasserkessels.

Falls es keine Filtertüten gab, wurde der Kaffee einfach in die Kanne gegeben und man goss das kochende Wasser auf ihn. Natürlich gab es in diesem Fall Kaffeesatz unten in der Kanne und man brauchte beim Einschenken ein Sieb.

In der Küche gab es ein großes Fenster mit Aussicht auf die Straße. Die Fläche zwischen dem Eingang und der Straße war mit Kopfsteinen gepflastert. Später, als Autos erworben wurden, wurde diese Fläche auch als kleiner Parkplatz benutzt.

Ein langer Tisch stand vor diesem Küchenfenster. So konnte man, wenn man am Tisch saß, beobachten was draußen los war. Die Küche war gemütlich. Sie war der Ort wo sich die Familie am häufigsten versammelte und unterhielt.

Das kürzere Ende des Tisches stand gegen eine Wand auf deren anderen Seite eins der drei Schlafzimmer lag. Von diesem Schlafzimmer aus konnte man auch durch ein Fenster auf die Straße sehen.

Auf der entgegengesetzte Seite der Küche neben dem Herd führte eine kleine Tür in den Abstellraum. Hier im kältesten und dunkelsten Raum des Hauses wurden kurzfristig verderbliche Lebensmittel sowie Reste und Milch gelagert, denn man hatte zu der Zeit noch keinen Kühlschrank.

Verließ man die Küche, kam man ins Wohnzimmer. Dieses Zimmer war das einzige, das neben der Küche gelegentlich geheizt wurde. Hier gab es einen schwarzen Kanonenofen (einen eisernen Kohlenofen) mit einem langen Ofenrohr, das oben durch die Wand nach draußen führte. Doch geheizt wurde nur, wenn man Besuch erwartete.

Fritz hatte seinen Ehrenplatz neben diesem Ofen. Hier konnte er gemütlich seine Pfeife rauchen, Zeitung lesen oder die Nachrichten im Radio verfolgen. Hinter ihm hing höher an der Wand eine dunkle Kastenuhr, die jede halbe Stunde in ihren tiefen Tönen schlug.

Besonders später im Leben, jeweils gegen Abend, griff er seine Schnapsflasche und trank einen Schluck direkt aus der Flasche. Danach füllte er ein kleines Schnapsgläschen auf, trank es auch leer, kicherte und sagte: "Das war einer für die Vögel!" - wobei er die Vögel draußen in seinem Käfig meinte. Hier auf seinem Platz fühlte er sich wohl und schlief des Öfteren ein.

Mitten im Wohnzimmer stand ein großer runder Tisch mit vier Stühlen. Zur Fensterseite des Wohnzimmers stand das Sofa. Von diesen Fenstern aus sah man den großen Vogelkäfig draußen. Die üppig blühenden Fleißigen Lieschen auf den Fensterbänken quollen fast über. Die bunten Blumen erinnerten Gerda an ihre Mutter, die die gleiche Blütenpracht immer wieder erfreut hatte.

Am Kanonenofen vorbei ging es zum hinteren Teil des Hauses. Hier waren noch zwei Schlafzimmer - eins auf jeder Seite des Flurs, der zur Hintertür und somit in den Garten führte. Das größere Schlafzimmer auf der rechten Seite war für Gerda und Freddie als Eheschlafzimmer nach der Hochzeit gedacht. Es war geräumig und bot genügend Platz für das Paar und zukünftige Kinder, die geboren werden würden.

Jeden Morgen nahmen Gerda und Aleida die schweren Federbetten (die die Familie während der eisigen Wintertage warm hielten) von den Betten und schüttelten sie aus. Ungeachtet der Außentemperatur wurden die Fenster geöffnet und die Betten zum Lüften über die Fensterbretter gehängt.

Neben dem Gemüsegarten hielt man im Hinterhof auch Kaninchen und Hühner. Es gab manchmal zu einem besonderen Anlass ein Kaninchen zum Essen. Nachdem das Kaninchen geschlachtet war, hängte es Fritz mit den Pfoten an die Wäscheleine. Das Fell wurde dann von den Pfoten aus über den Körper und Kopf gezogen, um das Fleisch freizulegen.

Die Hühner gaben der Familie frische Eier und wurden auch gelegentlich für ein besonderes Essen geopfert. Auf der anderen Straßenseite des Hauses gab es einen Baumstumpf, der unten glatt abgesägt worden war. Der diente Fritz als Platte, um den Kopf des Huhns mit einer Axt einfach abzuschlagen. (Wenn er Glück hatte, rannte ihm das kopflose Huhn nicht weg!)

So war das Leben in den Jahren unmittelbar nach dem Krieg

auf dem Land. In mancher Hinsicht war es primitiver als in der Stadt, wo es in manchem Haus schon heißes Wasser und einen Kanalisationsanschluss gab. Andererseits gab es auf dem Land genug zu essen, während in den großen Städten oft Hungersnot herrschte.

Es war ein solcher Lebensstil den Freddie und Gerda auf dem Land in Gildehaus erwartete. Hier würden sie die nächsten sechs Jahre nach der Eheschließung verbringen.

Das bevorstehende Hochzeitsfest bedurfte der Vorbereitung.

Freddie wurde zum Ereignis eine Prämie von der Textilfabrik geschenkt, in der er als Spinner arbeitete. Sie bestand aus sieben Flanellhemden, die er für Zutaten für die Hochzeitstorte und einige Flaschen Wein eintauschte.

Da es so kurz nach dem Krieg nichts gab, liehen sich Freddie und Gerda ihren "Hochzeitsstaat" aus (obwohl von Prunk und Pracht keine Rede sein konnte).

Diesmal trug Gerda ein weißes Hochzeitskleid (statt des traditionellen schwarzen Gewandes, das jede Braut vor dem zweiten Weltkrieg anlegte) und Freddie trug einen schwarzen Smoking.

Sie waren ein aufrichtig schönes Paar, als sie in die schwarze, von Pferden gezogene Hochzeitskutsche einstiegen. Zuerst fuhren sie zum Standesamt und danach zur Kirche, wo viele sich schon versammelt und auf das Paar gewartet hatten. Alles folgte dem glücklichen Paar in die Kirche hinein um der kirchlichen Trauung beizuwohnen. Danach wurden die frisch Vermählten im Holthuis-Haus gefeiert.

Gerda und Freddie

Hindrik hatten nun die Gelegenheit, allen seine neue Schwiegertochter vorzustellen. Seine negative Haltung ihr gegenüber war offensichtlich, als er wortkarg einfach sagte: "Dies ist Freddies Frau. Sie kann hart arbeiten."

Und kurz danach bekam Gerda es zufällig mit, als Hindrik und Fenna sie verspotteten: Wie könne sie bloß weiß tragen, wenn diese ihre zweite Ehe sei?!

Gerda verdrängte ihren Ärger darüber und bewahrte eine vornehme Haltung. Sie freute sich, als sie mit Freddie am Abend Nordhorn verließ um ein neues Leben in ihrem Elternhaus, in dem sie aufgewachsen war, in Gildehaus anzufangen.

Einige Zeit verging. Gerda hatte ein Geißlein in Nordhorn durch einen Tauschhandel erworben und musste es abholen. Das war oft die einzige Möglichkeit, etwas zu bekommen, da die deutsche Währung noch unstabil war. Fritz hatte zu Hause noch einen Stall frei und die Familie hätte dann wieder Milch zur Verfügung.

Gerda hatte die Ziege in einen Sack gesteckt. Nur das kleine Köpfchen kam zum Vorschein. Dann legte sie den Sack über ihre Schultern auf den Rücken. Als sie so Richtung Gildehaus zurückradeln wollte, fiel ihr ein, sie könne noch kurz einen Abstecher zu Holthuis´ machen. Sie hatte nämlich eine große Neuigkeit! Sie war in anderen Umständen und erwartete "etwas Kleines"! Sie wollte ihren Schwiegereltern die freudige Nachricht mitteilen.

Als sie dort ankam, sprang sie vom Fahrrad und trat mit der Ziege auf dem Rücken ins Haus. Es dauerte nicht lange, bis Fenna mit dem Lästern anfing.

"Na, jetzt hast Du auch den Namen "Holthuis"," sagte sie,

"obwohl wir gehofft hatten, dass Freddie keine Frau aus zweiter Hand nehmen würde."

Im Nu flammte die Wut in Gerdas Gesicht auf. Wie konnte sie aus ihrer Ehe mit Fritz und seinem darauffolgenden Tod solche negativen Andeutungen machen? Damit trieb Fenna einen salzigen Dolch in Gerdas Seele, denn die Zeit mit Fritz war doch fast etwas Heiliges. Wie konnte Fenna es wagen, in diese für Gerda sehr private Sphäre, von der Fenna überhaupt nichts wusste, einzudringen? Diese Zeit in ihrem Leben ging die Holthuis-Familie nichts an! Es fiel ihr sogar schwer, mit Freddie über Fritz zu reden. Wie konnte Fenna Salz in diese noch ungeheilte Wunde reiben? Feuer blitzte in Gerdas Augen auf.

"Wie wagst **Du** es, ein Urteil über mich zu fällen?" wies Gerda Fenna zurecht. "Du! - ein feines Beispiel elterlicher Erziehung und Liebe!" Die Auseinandersetzung eskalierte weiter. Das Geißlein flog plötzlich durch die Luft gegen die Wand. Wutentbrannt hob es Gerda auf, warf es auf den Rücken und war zur Tür hinaus. Sie raste - angetrieben von den bösen Worten die sie im Holthuis Haus wieder hören musste - nach Hause. Ihre Neuigkeit blieb einstweilen ein Geheimnis.

Dennoch war sie nicht jemand, der einen Groll lange hegte. Vielleicht würde es einige Tage oder sogar einige Wochen dauern, bevor sie sich wieder beruhigt hatte, aber schlussendlich konnte sie vergeben und versuchte Fehlverhalten anderer in der Vergangenheit zu vergessen, besonders wenn die Selbigen, die gemein zu ihr gewesen waren, nun ihre Hilfe brauchten.

*

Gildehaus - Dorfstraße

November, 1948

Es war ein kalter, stürmischer Wintertag. Es hatten sich Eiskristalle im Schlafzimmer an der Wand gebildet. Gerda hatte sich unter ihrem Federbett eingehüllt und versuchte, warm zu bleiben. Zwischen den Wehen beobachtete sie, wie die Eiskristalle an der Wand glitzerten.

Das kleine Lebensmittelgeschäft um die Ecke hatte eines der wenigen Telefone im Dorf. Aleida, total durch den Wind, eilte dorthin und bat die Eigentümer Freddie, der bei der Arbeit in Nordhorn war, umgehend eine Nachricht auszurichten.

Unmittelbar danach stürzte Freddie aus dem Ausgang der Textilfabrik, sprang auf sein Fahrrad, in der Hoffnung er würde vor dem Baby zu Hause ankommen. Der eisige Wind durchdrang seinen Körper und seine Gesichtshaut war wie betäubt. Dennoch schaffte er die 14 Kilometer nach Gildehaus in Rekordzeit.

Das monatelange Warten würde bald vorbei sein. Die Hebamme war schon da. In Kürze würde Gerda Mutter werden.

Freddie und Gerda nannten ihre kleine Tochter Adelheid nach Freddies Mutter, Aleida.

Die Schwangerschaft war ruhig verlaufen. Es war für Gerda und Freddie eine glückliche, erwartungsvolle Zeit gewesen.

Gerda hatte ein unersättliches Verlangen nach rohem Sauerkraut gehabt, welches sie auf dem Sofa liegend regelrecht verschlang. Mit der einen Hand balancierte sie eine große Schüssel Sauerkraut auf ihrem geschwollenen Bauch; mit der anderen schöpfte sie das Sauerkraut und stopfte ihren Mund voll und aß, bis kein bisschen übrig geblieben war. Freddie musste beim Beobachten dieser Szene seiner sonst so vornehmen Frau immer laut auflachen.

*

Verursacht durch des Krieges Verwüstung stolperte Deutschland nur langsam vorwärts. Der Mangel an Lebensmitteln musste immer noch bewältigt werden. Doch die Bevölkerung war belastbar und resilient. Sie war notgedrungen kreativ.

Es gab erneut Hoffnung für die Zukunft und trotz der Tatsache, dass Familien wenig hatten, gab es doch Zeiten der Freude und des Glücklichseins innerhalb des Familienkreises, die ihnen mehr bedeutete als der ganze materielle Reichtum der Welt.

Als Deutschland sich mit dem Wiederaufbau abrackerte, nahm Gerdas und Freddies Leben auch wieder einen gewissen Grad Normalität und Vorhersehbarkeit an.

Da sie in einem Dorf auf dem Land wohnten, waren Lebensmittel nicht so knapp wie in vielen größeren Städten. Sie betrieben einen Tauschhandel mit den Dorfbauern und bauten ihr eigenes Gemüse selbst an. Jeden Morgen gab es frische Eier und gelegentlich wurde ein Schwein oder ein Huhn geschlachtet.

Gerda strickte schnell und energisch die nötige Bekleidung für Adelheid. Wenn es kein neues Garn gab, wurden alte Stricksachen aufgetrennt und das alte Garn wurde ein zweites Mal verwendet.

Gerdas Tante Dina, die einst nach dem Tod ihrer Mutter die zehnjährige Gerda adoptieren wollte, kam fast jeden Abend zu ihnen. Sie saß dann mit dem Rest der Familie um den runden Wohnzimmertisch und konnte stundenlang Socken stricken.

Dinas Mann war schon älter, als er Ende des Krieges eingezogen worden war. Nun war er vermisst und kehrte nie von der Front im Osten zurück. Aber Dina gab nie die Hoffnung auf, dass er eines Tages nach Hause kommen würde und sie wartete auf ihn, bis sie mit 90 Jahren 1986 verstarb.

Gerda und Adelheid

So versammelte sich die Familie jeden Abend im Wohnzimmer. Man strickte, unterhielt sich, hörte Radio und sang gemeinsam die alten Lieder, die man von früher kannte. Meistens geleitete Freddie Dina gegen Mitternacht zu Fuß nach Hause, wenn sie wieder länger geblieben war, als alle wollten.

Freddie hörte in der Textilfabrik zu arbeiten auf und begann als selbstständiger Textilvertreter Geschäfte zu machen. Er war immer gut gelaunt und hatte eine fröhliche Natur. Jeder im Dorf kannte und mochte ihn. Wenn er dann seine Runde machte, musste er bei vielen auf einen Schnaps oder eine Tasse Tee einkehren. Er verkaufte alles Mögliche, was hinten auf sein Fahrrad passte und mit Textilien zu tun hatte: Handtücher, Bettwäsche, Küchen- oder Tischtücher und so weiter. Wenn jemand etwas brauchte, ließen sie ihn das wissen und waren froh wenn er vorbeiradelte.

Die Textilien kaufte er in dem 14 Kilometer entfernten Nordhorn ein. Das war mit dem Fahrrad eine weite Strecke - besonders bei Regen oder Schnee. Also überlegte er, wie er sein Rad motorisieren könnte. Danach, wenn er um die Ecke kam, hörte es sich wie ein Schwarm summender Bienen an und die Fahrten zwischen seinen Kunden in Gildehaus und Nordhorn wurden werktags einfacher und schneller.

Sonnabends bereitete sich das Dorf auf den Sonntag vor, denn der Sonntag war ein besonderer Tag, ein Ruhetag (ob die Familie religiös war oder nicht). Also wurde sonnabends das Haus geputzt; es wurde ein Kuchen für das Kaffeetrinken am Sonntag gebacken und am Abend badete sich die ganze Familie. Bei unserer jungen Holthuis-Familie war es auch nicht anders.

Die große Zinkwanne, die auch zum Wäschewaschen diente, wurde mitten in die Küche gebracht. Der Wasserkessel auf dem

Herd pfiff mehrmals, bevor das Wasser in der Wanne warm genug war, um darin zu baden.

Gerda badete Adelheid zuerst, zog ihr das Nachthemd an und brachte sie ins Bett. Danach badeten sich die Erwachsenen, einer nach dem anderen.

Wenn dann montags die Wäsche gewaschen wurde, holte man die ovale Wanne wieder heraus. Diesmal wurde sie mit kochendem Wasser aus dem Wasserkessel gefüllt. Wenn das Wetter es erlaubte, wurde die Waschwanne aufs Kopfsteinpflaster draußen vor dem Eingang gestellt. Oft benutzte Gerda das Waschbrett, um hartnäckige Flecken zu entfernen. Die Wäsche wurde dann meistens hinten im Garten an die Leine (dieselbe, die zum Kaninchenthäuten diente) gehängt und die großen Bettlaken wurden meistens auf die Wiese dem Haus gegenüber ausgebreitet, damit sie von der Sonne ausgebleicht werden würden.

Sonntags fuhren Gerda und Freddie mit dem Rad nach Nordhorn in die Kirche, in der sie getraut wurden. Adelheid kam in einen Kindersitz, der wie ein Sattel aussah, vorne aufs Rad. Der schaute nach vorne und wurde an der Lenkstange über dem Schutzblech befestigt.

Nach dem Gottesdienst fuhr die Familie nach Hause zurück, um die beste Mahlzeit der Woche zu genießen. Die Frauen bereiteten immer etwas Besonderes für den Sonntag vor. Nachmittags ging man spazieren oder man hatte Besuch und trank Kaffee zusammen mit einem Stück Kuchen dazu.

Es war zwar kein müheloses Leben, aber ein unkompliziertes. Gerda hatte endlich ein Ziel, das ihr während der Turbulenzen ihres jüngeren Lebens nicht gegönnt war, erreicht. Sie war nun Gattin und Mutter. Sie und Freddie hatten ein Haus, das sie mit ihrem Vater und ihrer Stiefmutter bewohnten. Und Gerda hatte ihre Tante Dina, ihre Geschwister und gute Bekannte in ihrer Nähe.

Das Leben blieb jedoch ein Kampf ums Dasein - und nicht nur für sie allein. Ganz Deutschland strebte danach, wieder auf die Beine zu kommen. Sie hatten überlebt und nun gab es Frieden. Und der Frieden brachte die Möglichkeit mit sich, wieder träumen zu dürfen. Man konnte erneut auf die Verwirklichung seiner Träume hinarbeiten.

Und so ergab es sich, dass Freddie Gerda gegenüber seinen Wunsch nach einem zweiten Kind äußerte.

"Nein", erwiderte Gerda. Sie hatte nie zuvor ein zweites Kind in Betracht gezogen. Eins reichte. Die Zeit der großen Familien mit vielen Kindern sei vorbei. Es befand sich in Deutschland eine neue Generation, die nicht in ihren Kindern die finanzielle Sicherheit im hohen Alter, sondern das Wohlergehen ihrer Kinder suchte. Eltern wollten, dass ihre Kinder eine bessere Zukunft haben würden, als das Leben, das sie selbst zuvor gehabt hatten. Genauso dachte Gerda auch darüber.

Sie war mit einem Kind zufrieden. Ihre kleine dreiköpfige Familie war genau die richtige Größe. Gerda wollte eine gute Mutter sein. Sie wollte sich ihrem Kind widmen und sie wollte sich darüber relative Gewissheit verschaffen, dass sowohl die materiellen als auch die emotionalen Bedürfnisse des Kindes erfüllt werden würden.

Gerda dachte an ihre Vergangenheit zurück und erinnerte sich, wie verlassen sie sich nach dem Tod ihrer Mutter gefühlt hatte. Es gab niemanden, der sie beraten hatte oder der sich darum kümmerte, dass sie genug zu essen oder etwas anzuziehen bekam. Jeder in der Familie hatte eigene Überlebenssorgen. Sie war auf sich selbst angewiesen und obwohl sie von vielen umgeben war, war sie doch alleine.

Deswegen war es nicht überraschend, dass Gerda beschlossen hatte, ihr Kind würde ihr vergangenes Schicksal nicht teilen. Und sie würde alles in ihrer Macht tun, um ihrem Kind eine gute Ausbildung zu gewährleisten und die Tür zu einer glänzenden Zukunft offen zu halten - einer Zukunft, die Freddie und Gerda selbst nie hätten erwarten können.

Mit den Großeltern schufen Gerda und Freddie eine liebevolle Umgebung, in der ein Kind gedeihen würde. Als Adelheid mit 18 Monaten zu gehen anfing, befahl Aleida allen im Hause besorgt: "Seid vorsichtig! Lasst das Kind nicht fallen!" Wenn Adelheid ein paar Schritte machte, stand Aleida hinter ihr, die Arme im Halbkreis ausgebreitet, bereit um das Kleinkind - falls es stolpern sollte - aufzufangen. Adelheid hätte nicht mehr Liebe und Aufmerksamkeit haben können!

Jedoch war das Leben nicht sorgenlos. Als die Zeit verging, wurde es klar, dass Gerda und Freddie ein neues Problem am Horizont bedrohlich näher rückte.

Als Teil des Aufschwungs Deutschlands schossen überall im Lande neue Unternehmen wie Pilze aus dem Boden, einschließlich kleiner Tante-Emma-Läden in Gildehaus. Was in Gildehaus den

Dorfbewohnern wirtschaftlich gut und bequem war, war nicht unbedingt auch für Gerda und Freddie vorteilhaft.

Ein Haus mit Schuhgeschäft wurde Gerda und Freddie direkt gegenüber und ein Metzgerladen am Ende der Straße gebaut. (Heutzutage kann es immer noch üblich sein, dass sich auf der Straßenebene ein Geschäft befindet und die Eigentümer oben darüber wohnen. In Gildehaus sahen diese Geschäfte wie gewöhnliche Einfamilienhäuser aus mit der Ausnahme, dass es unten ein riesiges Fenster gab, hinter dem die Ware ausgestellt wurde.

Ironischerweise machte diese Entwicklung ein paar Jahrzehnte später, nachdem fast jeder ein Auto hatte, wieder kehrt. Die Tante-Emma-Läden verschwanden langsam aus den Dörfern, als die Leute anfingen, in den größeren Supermärkten und Kaufhäusern der Umgebung einzukaufen. Das Dorf entwickelte sich zu einer *„bedroom community",* in die die Dorfbewohner abends nur noch zum Schlafen zurückkehrten.)

Mit dieser wirtschaftlichen Entwicklung wurde es Freddie bald klar, dass sein Verdienst immer unsicherer werden würde. Gewiss war er der perfekte Vertreter: freundlich und charmant. Aber was würde ihnen die Zukunft bringen? Es war nur eine Frage der Zeit, bis ein Textilgeschäft eröffnet werden würde.

Gerda sorgte sich auch um ihre gemeinsame finanzielle Zukunft, was erheblich die Überlegung beeinflusste, ob sie noch ein Kind haben sollten.

Gerda war auch nicht mehr dieselbe Person, die sie am Anfang ihrer Ehe mit Freddie war. Wenn eine Leidenschaft sexueller

Intimität je existiert hatte, gab es sie jetzt nicht mehr. Es würde in ihrer Familie nie eine ungeplante derartige Überraschung geben. Wenn es eine Schwangerschaft geben sollte, benötigte es eine bewusste Bemühung ihrerseits.

Doch Freddie gab nicht auf. Er bat sie inständig. Er wünschte sich unbedingt ein zweites Kind. Was die Familie hatte, würden sie untereinander teilen, argumentierte Freddie. Er hielt durch bis Gerda einwilligte.

Im April 1952 wurde eine zweite Tochter, Fenni, geboren. An dem Tag dankte Freddie Gott dafür, dass Er sie mit zwei Kindern gesegnet hatte. Und was Freddie noch wichtiger war, mit zwei Mädchen. Mädchen bräuchten nicht in den Krieg zu ziehen.

Freddie, Adelheid, Fenni und Gerda

Fenni war ein lebhaftes Kind und hüpfte gerne auf und ab in ihrem Kinderbettchen, als wenn die Matratze ein Trampolin wäre.

Freddies Stiefmutter, Fenna, hatte des Babys Verhalten beobachtet und kam mit großer Zufriedenheit zu der Schlussfolgerung, dass die kleine Fenni geistig abnormal wäre und in Behandlung müsse. Müsste ein solches Kind nicht in ein Irrenhaus gebracht werden? Dieser Gedanke trieb nicht nur ihr unersättliches Bedürfnis zu tratschen an, sondern würde Gerda auch beschämen. Folglich dauerte es nicht lange, bis ganz Nordhorn, Gildehaus und die gesamte Umgebung meinte, dass Fenni am besten in Bethel aufgehoben sei, einer Anstalt, die u.a. die schwerst psychisch Kranken und Behinderten in Deutschland behandelte.

Und so geschah es öfters, dass sogar Fremde - ohne die Wahrheit des Tratsches über Gerda und Freddies Kind zu bezweifeln - neugierig auf Gerda beim Spazierengehen mit Fenni im Kinderwagen zugingen. Mitleidig sahen sie sich das Kind an und ohne Einfühlungsvermögen zeigten sie darauf und fragten Gerda freiheraus: "Ist das das Kind?"

Es wäre Unsinn zu behaupten, dass Gerda weder schockiert noch verletzt durch diese hasserfüllte, weitverbreitete Lüge wurde. Fenna war wieder einmal leidenschaftlich rachsüchtig gewesen und hatte Gerda bis in die Tiefe ihrer Seele gequält.

*

Mit der Zeit wurde es deutlich, dass Gerda und Freddies Befürchtungen des persönlichen wirtschaftlichen Niederganges Wahrheit werden würden. Freddie, der sympathische Vertreter, musste sich immer mehr anstrengen um seine Familie finanziell zu versorgen.

Er hatte nie den Traum aufgegeben, eines Tages nach Amerika zurückzukehren und sich das Land seiner Kindheit wieder zu Eigen zu machen. Freddies überschwängliche Beschreibung Amerikas war so überzeugend, dass der Zuhörer fast glauben musste, dass die Straßen wahrhaftig mit Gold gepflastert waren und Honig von den Bäumen tropfte.

Er sprach mit Gerda über seinen Traum. Sie konnte sich kaum vorstellen, dass es ein Land gäbe, das so anders war als alle anderen - ein Land der unbegrenzten Möglichkeiten. Ein Land, wo man noch erfolgreich werden könnte – auch ohne Universitätsabschluss. Ein Land, wo die Armen reich würden. Ein Land, in dem ihre Kinder ein besseres Leben haben würden als das, das sie sich jemals erträumen könnten, würden sie in Deutschland bleiben.

Leider wollte Freddies Vater Hindrik auch zurück nach Amerika. (Freddies Schwester, Minnie, in Amerika geboren und daher eine amerikanische Staatsbürgerin, war schon 1950 nach Michigan zurückgezogen. Da die Vereinigten Staaten Quoten hatten, die die Zahl der Immigranten aus Deutschland beschränkten, musste der Rest der Familie warten.)

Jeanette, die mittlerweile ihren Freund Günther geheiratet und eine kleine Tochter bekommen hatte, war ihrer Staatsangehörigkeit nicht sicher. Obwohl sie in Michigan geboren war, hatte sie sich als Erwachsene in Deutschland an einer Wahl beteiligt und meinte folglich, dass sie die amerikanische Staatsangehörigkeit verloren hatte.

Jeanette geb. Holthuis und Günther Olbrich

Der Kortmann Clan, Jeanettes Onkel Albert inklusive, hatte die U.S.A. seit dessen Ankunft in 1923 nie verlassen. Albert hatte zugestimmt, Jeanette mit ihrer jungen Familie zu sponsern, damit sie nach Michigan zurückkehren konnten. Dreimal hatte ihr Onkel Albert die Immigrationsunterlagen nach Deutschland geschickt und dreimal hatte Jeanette sie verzweifelt zerrissen. Sie hatte eine Höllenangst, Hindrik nach Amerika zu folgen. Bliebe sie in Deutschland, wäre sie sowohl von Hindriks als auch von Fennas missbilligendem Verhalten befreit. Sie war doch immer nur Hindriks unerwünschtes Kind geblieben. Nun mit dieser enormen Entscheidung konfrontiert - ob nach Amerika auszuwandern oder nicht - wusste sie nicht, was sie machen sollte.

*

Hindrik und Fenna mit ihren beiden Kindern Adele und Heini wanderten Anfang 1954 nach Amerika aus.

Mittlerweile schickte der geduldige Onkel Albert Jeanette die Immigrationsunterlagen ein viertes Mal. Sie befürchtete, würde sie in Deutschland zurückbleiben, gäbe man ihr die Schuld, wenn Hindrik etwas zustoßen sollte. War sie nicht sowieso verantwortlich für jedes beliebige Übel? Also füllte sie die Papiere aus und schickte sie nach Amerika.

Freddie und Gerda entschlossen sich auch, dieses neue, unbekannte Abenteuer einzugehen. Es erschien noch einmal ein Licht am Ende eines dunklen Tunnels und die Hoffnung einer glücklichen Zukunft.

Freddie würde nicht mehr in einem Beruf ohne Aufstiegsmöglichkeiten feststecken. Wer könne wissen, was für glänzende Möglichkeiten ihnen bevorstünden? Es wäre ein neuer Anfang. Ihre Herzen waren voller Hoffnung und Freude, als sie sich auf die bevorstehende Reise vorbereiteten.

Euphorisch sangen Freddie und Gerda immer mit, wenn im Radio 1953 der neueste Hit erklang:

> Nimm uns mit, Kapitän, auf die Reise!
> Nimm uns mit in die weite, weite Welt.
> Wohin geht, Kapitän, deine Reise
> Bis zum Südpol da reicht unser Geld!
> Nimm uns mit, Kapitän, in die Ferne,
> Nimm uns mit in die weite Welt hinaus,
> Kehrst Du heim, Kapitän, fahr'n wir gerne
> In die Heimat zu Muttern nach Haus
> Kehrst Du heim, Kapitän, fahr'n wir gerne
> In die Heimat zurück nach Haus.

Entwurzelt

Doch in ihrer Überschwänglichkeit drückten sie ein Auge zu und nahmen die zweite Strophe, die eine böse Vorahnung andeutete, nicht ernst:

Mancher glaubt wohl, fern vom Heimatland
Da draußen, da liegt das Glück.
Hat sich in die weite Welt gewandt
Und will nie mehr nach Hause zurück.
In der Fremde, jaaa, da wurde er ein reicher Mann,
Aber glücklich, glücklich wurd' er nicht.
Und legt ein Schiff von Hamburg an,
Steht er am Kai und spricht,
Steht er am Kai und spricht:

Nimm uns mit, Kapitän, auf die Reise!
Nimm uns mit in die weite, weite Welt.
Wohin geht, Kapitän, deine Reise
Bis zum Südpol da reicht unser Geld!
Nimm uns mit, Kapitän, in die Ferne,
Nimm uns mit in die weite Welt hinaus,
Kehrst Du heim, Kapitän, fahr'n wir gerne
In die Heimat zu Muttern nach Haus
Kehrst Du heim, Kapitän, fahr'n wir gerne
In die Heimat zurück nach Haus.

Lyrics: Fritz Grasshoff &
Norbert Schultze
Musik: Norbert Schultze

Adelheid Holthuis

Die letzte Weihnacht in Deutschland 1953

Der besinnliche Advent verlief wie in anderen Jahren zuvor. Das Wetter war miserabel und nasskalt. Doch die Atmosphäre im Hause war umso gemütlicher.

Der Kanonenofen strahlte seine Wärme aus, wenn die Familie sich jeden aufeinanderfolgenden Sonntag im Wohnzimmer versammelte, um eine Kerze des Adventskranzes anzuzünden. Wie festlich war es doch am runden, mit einem mit weihnachtlich handbestickten Tischtuch bedeckten Tisch zu sitzen und Kaffee und Kuchen zu genießen! Das Anzünden einer zusätzlichen Kerze war der Höhepunkt des Tages.

Die kleinen Mädchen saßen voller Begeisterung im Kerzenlicht. Adelheid erzählte mit tiefster Überzeugung: "Noch eine Kerze Fenni und dann kommt der Weihnachtsmann!"

Die kleine Fenni, die noch keine zwei Jahre alt war, hörte ihrer großen Schwester zu, runzelte die Stirn und legte ihren Zeigefinger auf ihre Lippen. Sie war verwirrt und zur gleichen Zeit aufgeregt. Was bedeutete das alles?

Und dann kam der große Tag. Endlich war es Heiligabend!

Früh am Abend mussten die kleinen Mädchen ins Bett. Gerda mahnte sie: "Ihr müsst jetzt ganz lieb sein und schnell einschlafen. Sonst wird der Weihnachtsmann bei uns nicht einkehren!"

Die Mädchen nickten zustimmend. Gerda deckte sie mit den gewaltigen Federbetten so zu, dass nur ihre kleinen Gesichter zu sehen waren.

Fenni schlief sofort ein. Aber Adelheid war viel zu aufgeregt.

Entwurzelt

Sie wollte wach bleiben, denn der Weihnachtsmann war doch unterwegs. Vielleicht würde sie ihn bei seiner Ankunft hören. Er würde bestimmt einen schönen Weihnachtsbaum und vielleicht sogar ein paar Geschenke mitbringen! Mit vielen Träumereien im Kopf schlief Adelheid auch ein.

Mittlerweile arbeiteten Freddie und Gerda fieberhaft, doch sehr leise, um das Wohnzimmer weihnachtlich umzuwandeln. Es war Fritz und Aleida ein Vergnügen zuzusehen, wie sie den Weihnachtsbaum aufstellten und schmückten.

Der Tannenbaum war eine Edeltanne mit Zweigen weit genug auseinander, damit die Kugeln frei hingen und auch nicht aufeinander stießen. Gerda hatte zusätzlich eine Vorliebe für natürlichen Weihnachtsschmuck und hängte Tannenzapfen, die sie gesammelt hatte und selbstgebastelte Strohsterne in den Baum. Es gab Kerzen, die im Halter an den Zweigen befestigt wurden. Und um alles noch magischer wirken zu lassen wurden noch Wunderkerzen angebracht.

Endlich war es soweit, die Mädchen ins Wohnzimmer zu holen. Freddie trug die verschlafene Fenni auf seinem Arm und Adelheid rannte hinterher. Gerda beobachtete ihre Mädchen voller Verzückung in den Augen, als sie den festlichen Weihnachtsbaum im Kerzenlicht sahen. Er wurde fast lebendig, als Gerda die Wunderkerzen anzündete und kleine funkelnden Teilchen wie brennende Sternchen strömend zu Boden fielen.

"Er ist wunderschön!" rief Adelheid aus. Und dann sah sie eine Überraschung direkt neben dem Weihnachtsbaum. Es war eine Puppe, die fast so groß war wie sie! Sie nahm die Puppe in ihre Arme und kündigte an: "Der Weihnachtsmann hat mir ein wunderbares Geschenk gebracht. Sie soll 'Hilde' heißen."

Die ganze Familie, alt und jung, versammelte sich dann um den Weihnachtsbaum. Freddie erzählte die Weihnachtsgeschichte wie in jedem Jahr. Und alle sangen dann einige Weihnachtslieder zusammen. "O Tannenbaum" durfte auch nicht fehlen:

O Tannenbaum, o Tannenbaum,
wie treu sind deine Blätter!
Du grünst nicht nur
zur Sommerzeit,
Nein auch im Winter, wenn es schneit.
O Tannenbaum, o Tannenbaum,
wie treu sind deine Blätter!

Vierter Teil

Amerika

Adelheid Holthuis

Er verpflanzte die zarte Blume

und sie verfiel in einen Schock.

Entwurzelt

Das dumpfe Klopfen des Kurbelgetriebes dröhnte wiederholt in regelmäßigen Abständen durch den Schiffsrumpf. Es war der unaufhörliche Rhythmus der Kolben, die die Schiffsschraube antrieben und damit auch das Schiff vorwärts bewegten. Es rumpelte mit 17 Knoten durch die unübersehbaren, nie endenden Gewässer des Atlantischen Ozeans. Würde dieses rhythmische Krachen und Klopfen, das die Wände der Kabinen durchdrang, nie aufhören?

Zwei Familien, Freddie und Gerdas und Günther und Jeanettes, wurden tief im Schiffsbauch der *M.S. Italia* untergebracht. Hier fanden alle armen Auswanderer, die auf der Suche nach einem besseren Leben in Amerika waren, ihre Unterkunft. Sie wohnten in der dritten Klasse in Kabinen, die keine Fenster hatten. Hier wurden sie seekrank, als das Schiff durch die berüchtigt kabbelige Nordsee pflügte. Und hier würden sie das nervenaufreibende Getöse elf Tage lang ertragen müssen.

Der Abschied von Gerdas Familie war herzzerreißend gewesen. Die Welt war damals soviel größer und Amerika lag an ihrem anderen Ende. Niemand wusste, ob sie sich jemals wiedersehen würden. Den Ozean zu überqueren war mühselig und sehr teuer. Es war nichts, was sich bei frischgebackenen Auswanderen einfach ein zweites Mal wiederholte, denn in der fremden neuen Heimat mussten sie ganz von vorne anfangen. Im Falle Freddies und Gerdas hatte die Familie nichts dabei als nur eine Nähmaschine. Sie würden sich alles neu anschaffen müssen.

Gerdas Vater Fritz ließ beim Abschied seinen Kopf hängen - vielleicht um die Tränen zu unterdrücken oder zu verbergen.

Gerda versuchte es erst gar nicht. Die Tränen flossen unge-
hemmt, als sie jeden umarmte. Niemand wollte, dass die junge
Familie Deutschland verließ. Sie verstanden jedoch, dass das
Leben in der neuen Welt besser und einfacher für sie sein könnte.

Freddie versuchte jeden mit Worten, die wie er hoffte, nicht
der zukünftigen Realität entsprechen würden, zu trösten: "Wenn
es uns dort nicht gefällt, kehren wir nach Deutschland zurück."
Oder: "Wir werden Euch ganz sicher besuchen! Macht Euch keine
Sorgen!"

Doch in diesem Moment trafen seine Worte auf taube Ohren.
Sie wurden jedenfalls nicht ernst genommen. Amerika schien
nicht näher zu sein als der Mond. Beide Orte lagen doch in uner-
reichbar weiter Ferne.

Als sie dann an Bord waren, setzte Freddie das Trösten fort.
"Gerdi, Du wirst sehen. Holland ist eine schöne Stadt. Wir werden
dort ein gutes Leben führen können. Wir können unser eigenes
Haus kaufen! Und unsere Mädchen werden Möglichkeiten haben,
die wir früher nie hatten und die wir ihnen in Deutschland nie
hätten bieten können."

Gerda beruhigte sich. Ja, sie musste ihrem neu bevorstehenden Leben eine Chance geben. Vielleicht würde es ihnen allen
bald wirklich viel besser gehen.

Tage vergingen, in denen sich das Schiff langsam dahin-
schleppte. Doch die Aussicht blieb dieselbe. Ganz gleich in welche
Himmelsrichtung man sah, es gab nichts als Wasser.

Um der dunklen, klaustrophobischen Kabine zu entkommen,
waren Freddie und Gerda oft an Deck, wenn das Wetter es

erlaubte.

Der Speisesaal der Touristenklasse war kahl und emotionslos. Lange Tischreihen mit weißen Tischdecken dienten den grundlegenden Essbedürfnissen der Passagiere. Das Essen war ess- aber nicht genießbar. Niemand würde auf dieser Reise an Gewicht zulegen!

Und Gerda machte sich Sorgen um ihre Mädchen, da sie nichts als das Speiseeis essen wollten, das in der Form kleiner Backsteine zum Nachtisch serviert wurde. Dabei waren sie doch im Nachkriegsdeutschland überhaupt nicht verwöhnt worden!

Nach elf langen und eintönigen Tagen erschienen kleine Flecke am Horizont. Könnte das Land sein? Alle kamen an Deck um zuzuschauen wie sich die amerikanische Küste langsam näherte.

Gerda war lange nicht mehr so aufgeregt gewesen! Ihr neues Leben würde jetzt beginnen - ganz von vorne, denn sie hatten doch nichts dabei als nur ihre Phoenix Tretnähmaschine (die durch den Tretantrieb keinen Strom brauchte). Die junge Familie war voller Hoffnung. Sie wären doch bereit, hart zu arbeiten. Es würde alles schon gut werden.

Am 5. Mai 1954 lief die *M.S. Italia* im Hafen von New York City ein.

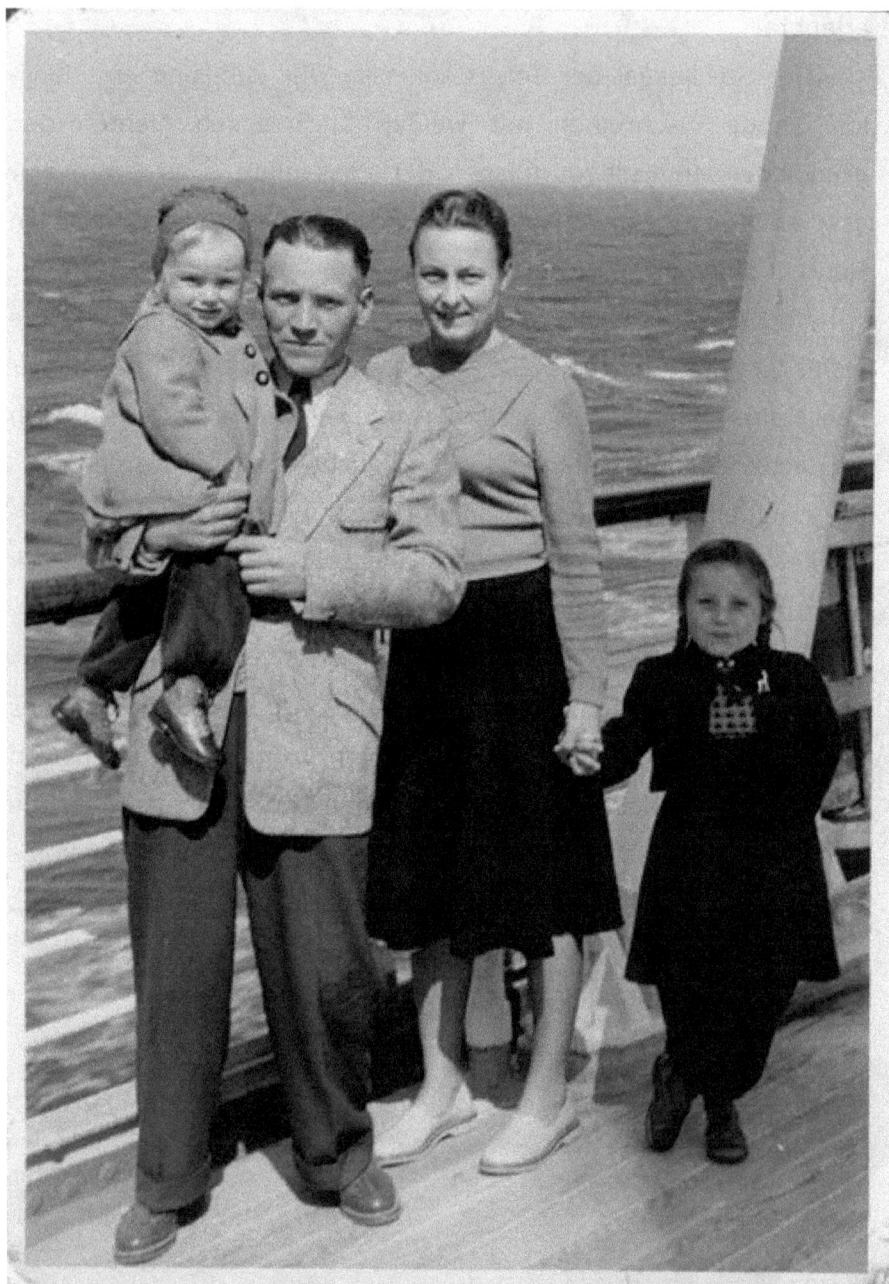

Fenni, Freddie, Gerda und Adelheid

M.S. Italia

Gerda staunte, als sie zum ersten Mal die Stadt New York sah. Für jeden war New York ein Begriff, doch die Stadt mit den eigenen Augen zu erleben war einschüchternd. Sie fühlte sich so klein in dieser gewaltigen Stadt!

(Der einzige vorherige Berührungspunkt mit einer Großstadt war, als sie 1943 Berlin auf dem Weg zu Fritz in Heidelager in Polen durchreiste).

Hier, in New York, ragten die Wolkenkratzer wirklich in den Himmel und ließen die winzigen Menschen, einschließlich Gerda und ihrer kleinen Familie, in ihren Schatten auf der Erde zurück.

Der Berufsverkehr und die daraus folgende Kakophonie der großen Stadt waren überwältigend. Der Lärm wurde dissonant herbeigeführt von kreischenden Bremsen, dem Geplärr der Autohupen, hier und da Sirenen von Feuerwehr und Krankenwagen und dem Geschrei einiger Leute.

Fußgänger drängten sich ernsten Blickes auf den Bürgersteigen. Sie schienen es eilig zu haben und hatten sicherlich wichtige Termine und Wesentliches zu verrichten. Und sie sahen international und multikulturell aus.

Das war für Gerda etwas ganz Neues. In Deutschland hatte sie nur sehr selten einen Nichtweißen gesehen. Letztendlich kam sie aus einer ländlichen Gegend in Niedersachsen, wo einer als "fremd" bezeichnet wurde, wenn er aus einem ein paar Kilometer weiter entfernten Dorf kam, in dem die Dorfbewohner ein bisschen anders Plattdeutsch sprachen. Oder wehe er war katholisch statt evangelisch wie die Meisten in Niedersachsen!

Das Leben in Amerika würde ihren Horizont schmerzhaft erweitern. Hätte sie jemals alle Unterschiede zwischen den beiden Welten ohne vorherige persönliche Erfahrung begreifen können? Würden ihre Träume und Erwartungen sich als unrealistisch erweisen und einfach vom Winde verweht werden?

Ein Taxi brachte die Familie zum zentralen Bahnhof, der *Grand Central Station*. Freddie war überrascht, dass die Entfernung vom Dock bis zum Bahnhof nur ein paar Straßen betrug. Sie hätten zu Fuß gehen können und es tat ihnen auch leid, dass sie das nicht gemacht hatten, denn der Taxifahrer nahm ihnen 30

Dollar für die kurze Strecke ab (jeweils 5 Dollar pro Person und 5 Dollar für jeden Koffer). Es war einfach, neue Auswanderer - frisch von Bord gegangen - zu betrügen.

(Die Kiste mit Gerdas Nähmaschine war schon unterwegs nach Michigan. Direkt nachdem die Familie am Kai durch den Zoll gekommen war, hatten sie sie aufgegeben.)

Nach dem Tod Aleidas (geb. Kortmann), als Hindrik 1932 seine kleinen Kinder nach Deutschland zurückbrachte, blieb der Rest der Kortmann-Familie in Michigan zurück. Nicht nur viele Jahre und ein Ozean verursachten eine enorme Kluft zwischen den Kortmann- Familienmitgliedern, sondern es gab zudem nichts Geringeres als einen Weltkrieg, der sie noch mehr vertiefte.

Freddie war während des Krieges immer erleichtert gewesen, dass seine Cousins in Michigan jünger als er waren und es ihm erspart blieb, auf seine eigenen Verwandten schießen zu müssen.

Jetzt freute sich die Kortmann-Familie auf Aleidas Sohn und wollte ihm samt Familie beim Niederlassen in der Neuen Welt behilflich sein.

Freddie und Gerda wurden von Freddies Tante Henriette, der jüngeren Schwester Aleidas, gesponsert, damit sie ins Land einreisen durften. Sie würden zunächst im Haus von Henriette und ihrem Mann John wohnen, bis sie ihre eigene Bleibe gefunden hätten.

Also standen Freddie, der Fenni auf dem Arm hatte, Gerda und Adelheid auf dem Bahnsteig der *Grand Central Station* und warteten auf den Zug nach Michigan.

Gerda guckte Adelheid neugierig zu, als sich das kleine Mädchen mit Zöpfen einem scheinbar gleichaltrigen schwarzen Jungen näherte. Die beiden schnatterten miteinander ohne natürlich einander zu verstehen. Und doch gab es zwischen den Kindern eine unschuldige, freundliche Verständigung. Als der Zug einfuhr, rief Gerda Adelheid zu sich. Gerda beobachtete wie ihre Tochter die Hand des schwarzen Jungen in die ihren nahm und sie mit einem "auf Wiedersehen" schüttelte. Das kleine Mädchen rannte zu ihrer Mutter zurück und öffnete ganz geheimnisvoll ihre geschlossenen Fäustchen. Gerda musste lachen als Adelheid ganz überrascht ausrief: "Meine Hände sind noch weiß! Das Schwarze ist nicht abgerieben!"

*

Freddies Tante Henriette und ihrem Mann John gehörte eine Zwiebelfarm in Grant Michigan. Hier wurde unsere Familie in den amerikanischen Lebensstil eingeführt. Es wurde Gerda nicht nur klar, dass große amerikanische Städte wesentlich anders aussahen als alte deutsche Großstädte vor der Zerstörung durch den Krieg, sondern auch, dass das Leben sogar unter deutschen Einwanderern in Amerika ganz anders verlief als in der alten Heimat.

Freddie und Gerda wussten die Gastfreundlichkeit der Tante zu schätzen, obwohl die vierköpfige Familie im Wohnzimmer schlafen musste. Sie wollten rücksichtsvolle Gäste sein und die Tante so wenig wie möglich belasten.

Am ersten Sonntag in der Neuen Welt, nachdem sie den Frühstückstisch abgedeckt und das Geschirr abgewaschen hatte, gedachte Gerda noch ein bisschen Staub zu wischen. Sie fing mit den Möbeln im Wohnzimmer an.

Tante Henriette sah diese Beschäftigung und wies Gerda sofort streng zurecht: "Oh, nein, Gerda", tadelte sie. "Wir arbeiten sonntags nicht. Dies ist der Tag des Herrn. Es ist ein Tag der Ruhe."

Gerda musste darüber staunen, dass die Tante so dogmatisch den Sonntag heilig halten wollte.

In Deutschland war der Sonntag auch ein besonderer Tag - ob man religiös war oder nicht. Sonntags waren die Meisten auch nicht berufstätig, es sei denn der Beruf war für die allgemeine Gesundheit oder Sicherheit nötig.

Wie ihre amerikanischen Verwandten waren Freddie und Gerda jeden Sonntag gewissenhaft in die Kirche in Nordhorn, wo sie getraut worden waren, gegangen. Nach einem besonderen Sonntagsessen diente der Nachmittag dazu, spazierenzugehen und Verwandte oder Bekannte zu besuchen.

Gerda meinte, Tante Henriettes Bemühen den Sonntag heilig zu halten, sei extrem. Nicht nur durfte keine Hausarbeit gemacht werden, man durfte noch nicht mal telefonieren - weder ein Gespräch annehmen noch selbst jemanden anrufen.

"Wer hat eigentlich solche Regeln erfunden?" fragte Gerda sich selbst. Würde es Adelheid und Fenni erlaubt sein, sonntags draußen zu spielen? Plötzlich hatte Gerda das Bedürfnis, so schnell wie möglich ein eigenes Zuhause zu finden. Sie konnte voraussehen, dass unter diesen Umständen ein gespanntes Verhältnis besonders zwischen ihr und der Tante entstehen würde, das wie ein überfüllter Luftballon zu platzen drohte.

Also fuhr Freddie am nächsten Tag, einem Montag, nach Holland wo er einen Teil seiner Kindheit verbracht hatte. Er würde Unterkunft und einen Job suchen. Gerda war erleichtert.

Entgegen ihrer Erwartungen war es viel einfacher eine Arbeit als eine Wohnung zu finden.

Die Kortmann-Cousins waren so nett und fuhren Freddie von Ort zu Ort. Freddie fand sofort einen Job in einem Schiffbauunternehmen, der *Beacon Boat Company*, die sich am Macatawa See befand. Man baute dort für die U.S. Marine *ship to shore*-Boote, d.h. Landungsboote, die von größeren Schiffen aus ans Land fahren können. Nachdem die Marine seine Einstellung genehmigt hatte, durfte er zu arbeiten anfangen.

Als Lohn bekam er einen Stundenlohn von 1,25 Dollar, von dem jede Woche 5 Dollar für Werkzeug, das er auf der Arbeit gebrauchte, abgezogen wurden. Das bedeutete, dass Freddie pro Woche 45 Dollar zur Verfügung blieben, um die Familie zu versorgen.

Ein Zuhause zu finden stellte sich als eine unerwartet frustrierende Aufgabe heraus. Vermieter wollten nicht an Ehepaare mit Kindern vermieten. Sogar der Kortmann-Patriarch, Freddies Opa, wollte keine Wohnung in seinem Haus an Freddie und Gerda vermieten, obwohl er selbst vier Kinder gehabt hatte. Seine Toleranz für anderer Leute Kinder war gleich Null. Großzügig ließ er Jeanette und ihren Mann Günther dieselbe Wohnung mieten, da die beiden nur ein Kind hatten.

Nachdem sie mehrere Wohnungen besichtigt hatten, fanden die Cousins endlich einen Vermieter, der unsere Familie annehmen würde und sie zeigten Freddie die Wohnung.

"Was für eine erbärmliche Hütte!" dachte Freddie, als er sie sah - mit gewelltem Blechdach und einem Fußboden aus Erde. Ein Schweinestall wäre nicht schmutziger! Was meinten denn die Kortmann-Cousins, wo Freddie und Gerda herkamen? Ihr Lebensstandard in Deutschland war doch viel höher gewesen als der, den dieses Loch repräsentierte. Mussten sie auf dieses niedrige Niveau sinken, nachdem sie so hart gearbeitet hatten um ins "gelobte Land" zu kommen?

Freddie war so froh, dass Gerda nicht auf dieser Wohnungssuche dabei gewesen war. Sie hätte bittere Tränen geweint und wäre in Verzweiflung geraten.

"Wir helfen euch, diese Wohnung sauberzumachen", boten die Cousins Freddie an.

Freddie antwortete entschlossen: "Danke, aber nein! Wir müssen weiter schauen. Hier kann ich Gerda nicht herbringen."

Einige Tage später lernten sie eine Vermieterin kennen, die ihnen das Erdgeschoss eines Hauses in der 19. Straße vermieten würde. Nach Gerdas Maßstäben war das Haus auch nicht sehr sauber, doch einigermaßen anständig. Und es war direkt gegenüber einer Grundschule günstig gelegen. Adelheid war schon fünf und würde im Herbst zur Schule gehen müssen. Die Lage der *Van Raalte Elementary School* (benannt nach dem Entdecker und Gründer der Stadt Holland in Michigan, Albertus Van Raalte) wäre doch sehr bequem, dachten Freddie und Gerda.

Der Tag des Einzugs kam und die kleine Familie freute sich über ihr neues Zuhause. Gerda schrubbte jeden Zentimeter des

Erdgeschosses, damit es für ihre Familie sauber und bequem sein würde.

Die Cousins halfen Freddie und Gerda gebrauchte Möbel zu finden. Freddie und Gerda meinten, sowohl das Haus als auch die alten Möbel würden ausreichen, bis sie sich etwas Besseres leisten könnten.

Also boten ihnen ein einigermaßen abgenutztes Sofa und ein Sessel im Wohnzimmer eine Sitzgelegenheit. Ans Wohnzimmer angrenzend gab es ein kleines Schlafzimmer für Adelheid und Fenni. Dort stand ein Doppelbett mit einem Kopfteil aus Metall.

Jeden Abend, wenn Gerda die Kinder ins Bett brachte, sangen sie:

> Müde bin ich geh' zur Ruh'
> Schließe beide Äuglein zu.
> Vater, lass die Augen Dein
> Über meinem Bette sein.
>
> Hab' ich heute Unrecht getan,
> Sieh' es, bitte, Gott nicht an.
> Deine G'nad und Jesu Blut
> Macht ja alles wieder gut!
>
> Kindergebet von Louise Hensel
> (1798 –1876)

Dann sprach Fenni ein kleines Gebet, das Gerda ihr beigebracht hatte:

> Ich bin klein
> Mein Herz mach' rein
> Soll niemand drin wohnen
> Als Jesus allein.

Entwurzelt

Hinter dem Wohnzimmer lag dann das Esszimmer mit einer großen, noch leeren Wand, wo ein Geschirrschrank Platz finden könnte. Fenni, die damals schon als Zweijährige künstlerische Tendenzen zeigte, fand diese Fläche ideal zum Bildermalen. Mit der Zeit wurden Gerda Fennis Kunstwerke mit den Wachsbuntstiften zur Plage, denn hatte Gerda erst ein Bild abgescheuert, erschien schon das nächste Gemälde. Die Bilder ließen sich doch so schlecht entfernen!

Die Küche war einfach aber freundlich, denn ein Fenster ließ den Sonnenschein hineinstrahlen. Hier stand ein aus den fünfziger Jahren typischer Küchentisch, umrahmt mit Aluminium mit dazu passenden Stühlen. Die Oberfläche des Tisches bestand aus einem rot-fleckigen Laminat und die mit Plastik überzogenen Stuhlpolster hatten das gleiche, dazu passende Muster. Neben einem alten Herd stand ein gleichalter Kühlschrank, der funktionierte! Doch das 13 cm hohe Gefrierfach im Inneren funktionierte nicht.

Die Kortmann-Cousins erschienen mit Säcken voll Lebensmitteln, um Freddie und Gerda ihren Anfang im neuen Zuhause zu erleichtern. Doch Freddie zuckte zusammen, als er jemand sagen hörte: "Wir sollten ihnen nicht zuviel geben. Bald haben sie mehr als wir!"

Es gibt das Sprichwort: "Aller Anfang ist schwer." Dies war der Anfang unserer kleinen Familie in einem fremden Land. Erwartungen erfüllen sich selten so, wie man sie sich ausmalt - besonders nicht in einem fremden Land. In den kleinen Dingen wie auch in den großen versuchen wir unsere Zukunft zu bestimmen. Aber letztendlich wird das Schicksal unser Los entscheiden.

*

Freddie, Fenni und Gerda vorm Haus in der 19. Straße

Hindrik lebte mit seiner Familie schon seit längerer Zeit in Holland. Sie hatten schnell mit anderen Einwanderern aus *the old country* Beziehungen geknüpft. Am meisten genoss man den Klatsch über andere Einwanderer.

Sie erzählten überall ihre negativen Geschichten über Freddie, Gerda und die Mädchen: Was könne Freddie hier in Amerika erwarten? Nicht viel. Er habe doch nichts gelernt und überhaupt keine höhere Ausbildung! Wartet nur ab! Sie würden es hier bestimmt nicht schaffen, auch wenn Gerda selbst arbeiten ginge! Und wusstet ihr das schon? Dies ist die zweite Ehe der Gerda. Freddie hat sich mit einer Frau aus zweiter Hand begnügt! Und

ihre arme geisteskranke Tochter hätte in eine Irrenanstalt eingeliefert werden sollen!

Und diejenigen, die diesen Tratsch genossen und goutierten,
waren Hindrik und Fenna sehr dankbar, dass sie mit ihnen diese
dunklen Geheimnisse teilten.

„Nein, macht euch keine Sorgen! Wir sagen niemandem was.
Eure Geheimnisse sind bei uns gut aufbewahrt!" Und sie alle
freuten sich auf den nächsten Besuch, wenn alles erneut durch-
gekaut werde würde. Oder vielleicht gäbe es dann etwas köstlich
Neues über die kleine Familie aufzudecken!

Es war also kein Wunder, dass dieses Getratsche ziemlich
bald Gerdas Ohren erreichte. Plötzlich spürte sie tiefes Heimweh.
Sogar Tante Henriette, die es gut mit ihnen meinte und dem
Sohn ihrer verstorbenen Schwester helfen wollte, war Gerda eine
fremde Person. Sie hatte sich bei der Tante so eingeschränkt gefühlt.

Sie vermisste ihre Familie in Deutschland und sehnte sich
nach den Abenden im Wohnzimmer wenn sie alle mit den Eltern
und Tante Dina zusammen saßen und sich unterhielten. Es war
immer ein Trost gewesen, dass Gerda alle in ihrer Nähe hatte.

Nun, obwohl sie von Leuten die sie kannte umgeben war,
fühlte sie sich total abgeschnitten. Sogar diejenigen, die ihnen
nach außen hin geholfen hatten, wollten nicht wirklich, dass die
Familie erfolgreich werden würde. Sie spürte eine Leere und Einsamkeit.

Doch Gerda beschloss nicht aufzugeben. Sie hatte schon ihr
ganzes Leben harte Zeiten hindurch gekämpft. Sie bräuchte nur

eine Weile um sich anzupassen. Wenigstens stand ihr Mann zu ihr und liebte sie.

*

Direkt an der Ecke von ihrem neuen Haus gab es einen kleinen Lebensmittelladen namens "Baker's". Die Lage war für Freddie und Gerda ideal, denn sie hatten kein Auto. Sie gingen überall zu Fuß hin, was für sie auch normal war. Sie waren es aus Deutschland gewohnt, dass man viel zu Fuß erledigt. Direkt nach dem Krieg hatten in Deutschland doch nur gut Betuchte oder Leute mit Status ein Auto.

Ein paar Tage nach ihrem Einzug in ihre Wohnung ging die Familie zum ersten Mal in die Stadt um einiges einzukaufen.

Gerda, die immer alles sehr genau nahm, sorgte wenn sie unterwegs waren dafür, dass alle in der Familie sehr sauber und nett angezogen waren. Daher war sie entsetzt, als sie sah, dass einige amerikanische Frauen sich mit Lockenwicklern im Haar zum Einkaufen in die Stadt wagten! Wenn sie sich so in der Öffentlichkeit zeigten, welches Ereignis wäre dann nötig, damit diese Frauen die Lockenwickler entfernten? Gerda verstand diese Mentalität nicht. Es gab zu jener Zeit noch weitere Unterschiede im Aussehen zwischen deutschen und amerikanischen Frauen.

Die typische amerikanische Frau trug *make-up* und die deutsche Frau nicht. Im Dritten Reich hieß es, eine deutsche Frau bräuchte sich nicht zu schminken. Sie sei von Natur aus schön. Also blieb es ungewöhnlich, dass eine deutsche Frau sich schminkte, es sei denn, sie war eine "dekadente" Schauspielerin oder sonstwie im Unterhaltungssektor tätig. Es war damals die

Einstellung der Politik, dass die mustergültige, unverfälschte Frau zu Hause in die Küche gehöre und Kinder bekäme, damit der Führer ausreichend zukünftige Soldaten habe.

*

In den frühen fünfziger Jahren war Holland Michigan eine Stadt mit circa 30.000 Einwohnern. Die meisten waren holländischer Herkunft und viele sprachen noch Holländisch.

Das tröstete Gerda einigermaßen denn sie konnte kein Englisch. Freddie und Gerda sprachen Plattdeutsch, das mit dem Holländischen viele Gemeinsamkeiten hat. Wenn also in Holland Michigan jemand etwas Holländisch sprach, versuchte Gerda auf Plattdeutsch mit ihm zu sprechen. Oft klappte es, doch sprach die Person "Hoch-Holländisch" und kam nicht aus der Gegend an der deutschen Grenze, verstand sie fast gar nichts.

Es wurde ihr schnell klar, dass sie so bald wie möglich Englisch lernen müsste, wollte sie in diesem Land überleben.

Holland war nicht so groß, dass die Leute sich nicht kannten - besonders unter den Einwanderern. Also geschah es, dass beim ersten Spaziergang in die Stadt jemand, der wieder jemanden kannte, auf Freddie und Gerda zuging und sie in den Staaten willkommen hieß. Und bevor das Gespräch zu Ende ging, sahen sie sich Fenni im Sportwagen an und fragten Gerda ganz unverblümt: "Ist das das Kind?"!

Augenblicklich wurde Gerdas Gesichtsfarbe kreideweiß. Diese Frage hatte sie schon häufig genug in Deutschland gehört. Und jetzt war ihnen dieses bösartige Gerede nach Amerika vorausgeeilt. Würde es nie ein Ende nehmen?

Ohne auf die Frage zu antworten wandte sie sich an Freddie und verlangte, dass sie sofort nach Hause zurückkehrten. Ihr Bedürfnis einzukaufen war verflogen.

Also machten sie sich auf den langen Weg nach Hause um dort eine zusätzliche unangenehme Überraschung vorzufinden. Als sie die Küche betraten, huschten sechs Ratten unter ihren Füßen hinweg!

Ohne zu zögern stürzte Gerda sich zielstrebig auf die Ratten um ihre Kinder zu beschützen. Ihr Blut kochte noch - angeheizt durch die gefühllose Bemerkung in der Stadt.

Sie hob die Kinder hoch und stellte sie auf den Küchentisch. Ihre Seele von Zorn entflammt, fasste sie einen Besen - offenbar ihre Lieblingswaffe - und schlug auf der Stelle drei Ratten tot, währenddessen es Freddie gelang, den Rest aus der Hintertür in den Garten zu jagen. Nie zuvor hatten sie sich mit einem Rattenproblem beschäftigen müssen!

Freddie kaufte Fallen. Gerda adoptierte eine schwarze Katze, die ein neues Heim unten im Keller des Hauses fand. Da der Boden aus Erde war und die Kohlenheizung sich auch dort befand, wäre die Katze schnell schwarz geworden, wäre sie nicht schon von Natur aus schwarz gewesen. Danach gelang es keiner Ratte mehr, im Revier der Katze zu überleben. Und was Gerda anbelangte, hatte dieses Ereignis noch zusätzliches Brennholz zum fieberhaften Brennen des Heimwehs in ihrer Seele beigetragen.

*

Ernest C. Brooks (1891-1981) und seine Frau Margaret Walsh Brooks (1889-1956) waren Teil der reichen Schicht Amerikaner in Holland. Sie wohnten in einer der stattlichen Villen, die die *State Street* entlang gebaut wurden. Es war eine dreistöckige, riesige Villa, die sich auf einem weiträumigen Grundstück befand. Die gepflegte Anlage hatte üppige Blumenbeete und direkt vor dem Haus einen mehrstufigen, imposanten Brunnen mit Fontäne. (Heute ist das Grundstück Standort der *First Presbyterian Church.*)

Mr. Brooks, wie Gerda ihn auch immer respektvoll nannte (selbst nachdem er der Familie unter die Arme gegriffen hatte), war ein Senator im Staate Michigan (1937-1941) gewesen und hatte sich auch irgendwann als Gouverneur von Michigan zur Wahl gestellt. Davor war er Bürgermeister von Holland gewesen und ihm wird zum Teil die Gründung (1928) und Einführung von *Tulip Time* zugeschrieben. (*Tulip Time* ist ein Fest, das jedes Jahr im Mai, wenn die Tulpen in Holland blühen, gefeiert wird.)

Mrs. Brooks war in Holland eine typische Dame der höheren Gesellschaft. Als Gastgeberin veranstaltete sie viele gesellschaftliche Ereignisse in ihrem Haus, u.a. Teeparties für Frauen. Es war also auch nicht überraschend, dass der Gouverneur von Michigan, G. Mennen Williams, ein Stammgast in der Villa war. Der Lebensstil dort war Normalsterblichen wie Freddie und Gerda völlig fremd - ein Lebensstil unvorstellbar innerhalb der Grenzen ihres kleinen Universums.

Mr. Brooks hatte schon gehört, dass eine junge begabte Krankenschwester aus Deutschland nun in Holland wohnen würde. Er beschloss, dass Gerda für ihn arbeiten sollte. Seine Frau hatte einen lähmenden Schlaganfall erlitten und war bettlägerig.

Sie bedurfte rund um die Uhr der Pflege. Er traf sich mit Freddie und Gerda und es wurde entschieden, dass Gerda von 16 Uhr bis Mitternacht die kranke Frau pflegen sollte. Dadurch wären ihre Mädchen tagsüber nicht allein. Mr. Brooks schlug vor, Gerda selbst abzuholen und nachts wieder nach Hause zu bringen. Gerda stimmte zu.

Nach ihrem ersten Abend bei den Brooks, fing Gerda an zu weinen, als sie Freddie erzählte: "Ich verstehe kein Wort das sie sagen und sie verstehen mich auch nicht! Ich bin so frustriert und unglücklich!"

Schweren Herzens fing sie an zu singen und Freddie sang mit:

> Jesu, geh voran
> auf der Lebensbahn;
> und wir wollen nicht verweilen,
> dir getreulich nachzueilen;
> führ uns an der Hand
> bis ins Vaterland.

> Soll's uns hart ergehn,
> laß uns feste stehn
> und auch in den schwersten Tagen
> niemals über Lasten klagen;
> denn durch Trübsal hier
> geht der Weg zu Dir.

> Text: Christian Gregor (1723-1801)
> Musik: Seelenbräutigam I

Am nächsten Tag telefonierte Gerda mit Brooks´ Köchin, Grace. Grace konnte Holländisch und die beiden konnten sich verständigen. Gerda bat Grace Mr. Brooks auszurichten, dass sie nicht zurückkehren würde, weil sie seine Frau nicht verstehe. Wie könnte sie die arme Frau richtig pflegen, wenn man sich gegenseitig nicht verstand?

Mr. Brooks erhielt die Nachricht. Kurz vor 16 Uhr erschien er dennoch vor Gerdas Tür. Ihm war nicht entgangen, wie sorgfältig Gerda seiner Frau ihre Aufmerksamkeit schenkte.

Gerda sorgte dafür, dass Mrs. Brooks sich so gut wie möglich wohl fühlte. Sie hatte sowohl ihren Kopf als auch die Füße mit mehreren Kissen gestützt. Um Wundliegen zu vermeiden, änderte Gerda oft die Position der bettlägerigen Frau. Sie bot ihr Essen und Getränke an und fütterte sie. Wenn ihre Patientin schlief, machte Gerda sich sorgsam Gedanken darüber, was sie sonst noch für die Frau tun könne.

Mr. Brooks bestand darauf, dass Gerda die Pflege seiner Frau wieder aufnahm.

Als Freddie am Abend von der Arbeit zurückkehrte, war Gerda nicht da. Sie hatte es Mr. Brooks erlaubt, sie zu seiner Villa zurückzubringen um sich um seine Frau zu kümmern.

Ihr zweiter Abend - und alle weiteren dort - lief viel besser als der erste. Das Dramatische ließ nach und das Leben nahm einen Zustand der Normalität an. Und so arbeitete Freddie im Schiffbauunternehmen während des Tages und Gerda arbeitete abends in der Brooks-Villa.

Gerda und Freddie hatten sich entschlossen sehr sparsam zu leben, damit sie so schnell wie möglich nach Deutschland zurückziehen könnten. Das Leben in Amerika war hart und nicht so wie sie es sich vorgestellt hatten. Doch bis dann würden sie das Beste aus der Situation machen.

Freddie und die Mädchen liebten amerikanisches Speiseeis. Ab und zu wenn Gerda abends arbeitete gingen die drei an die Ecke in den Lebensmittelladen und kauften zwei Liter Vanille-Eis das als ein einziger Backstein verpackt war. Sie nahmen es mit nach Hause und da das kleine Gefrierfach im Kühlschrank nicht funktionierte, mussten sie das ganze Eis auf einmal verzehren! Freddie zog vorsichtig die Verpackung ab und verteilte das Eis mit einem Messer in drei gleichgroße kleinere Backsteine. Jedes Stück wurde sorgfältig in eine Suppenschüssel gelegt während dessen die Mädchen in freudiger Erwartung zusahen. Gäbe es etwas Schöneres als mit Papa abends Eis zu essen?

Doch dieser köstlicher Genuss dauerte nur ein paar flüchtige Minuten denn jeden Abend, ob es Eis gegeben hatte oder nicht, wurde das Vergnügen abrubt beendet durch einen Eßlöffel kalten Sirup -- die abscheulichste, widerlich schmeckende Emulsion die die Mädchen jemals hatten schlucken müssen: Lebertran! Gerda war davon überzeugt, dass während der düsteren Michigan Wintertage ihre Mädchen zusätzliches im Lebertran enthaltenes Vitamin D benötigten um Rachitis abzuwehren. Also, runtergeschluckt wurde die Flüssigkeit belegt durch unbezahlbare Ausdrücke der Folterung auf den Gesichtern der beiden Mädchen.

Kinder scheinen oft belastbarer zu sein als Erwachsene. Adelheid und Fenni passten sich schnell am neuen Leben in Holland an. English lernten sie auch mühelos.

Oft besuchten die Mädchen die Nachbarn nebenan. Sie

hatten vor kurzem einen neuen schwarz-weiß Fernsehapparat gekauft der der neuesten Technik entsprach und dem durchschnitts Amerikaner verfügbar war. Er sah aus wie ein großer Metall-Kasten mit einer Antenne oben drauf. Die Mädchen waren total fasziniert und konnten sich kaum von dem Gegenstand losreissen. Es war als hätten die Nachbarn ihr ganz persönliches Kino zu Hause!

Eines Nachmittags kehrte Adelheid von diesen Nachbarn nach Hause zurück und fragte ihre Mutter, "Mama, werden wir jemals einen Fernseher bekommen? Die Nachbarn sagten mir, dass Leuten wie uns niemals ein Fernseher gehören wird."

Etwas verblüfft fragte sich Gerda was der Nachbar mit "Leute wir ihr" meinte. War es weil sie Einwanderer waren und wenig Geld hatten? Warum wären sie so anders? Sie waren doch fleissig und arbeiteten hart. Sie hatten auch Träume und Ziele. Könnten sich die Träume eines Einwanderers nicht genauso gut verwirklichen wie die eines Amerikaners?

*

Nicht lange nach dem Einzug in ihr neues Zuhause fing Freddie an eine Kirche zu suchen an der sich die Familie anschließen könnte. Es war ihm nicht nur wegen seines starken Glaubens an Gott wichtig sondern auch weil die Kirche eine Möglichkeit bot sich in die amerikanische Gemeinschaft zu integrieren -- besonders in eine Glaubensgemeinschaft Gleichgesinnter.

Da Freddie und Gerda Mitglieder der Baptistengemeinde in Nordhorn gewesen waren war es selbstverständlich, dass Freddie in Holland auch eine Baptistengemeinde in der Nähe suchte. Und es gab tatsächlich eine, die *First Baptist Church*, die sich auch in der 19. Straße befand wohin die Familie zu Fuß spazieren könnte.

Also freuten sich Freddie und Gerda auf den ersten Gottesdienst dort. Sie sehnten sich danach in eine Kirchengemeinde aufgenommen zu werden und dort ein Gefühl von Geborgenheit und Zugehörigkeit zu finden.

In Deutschland sowie auch in Holland war es nach dem Gottesdienst Brauch, dass man den Pastor am Ausgang begrüßte und alle Gemeindemitglieder sich vor der Kirche versammelten um noch ein bisschen zu plaudern. Freddie und Gerda wollten sich vorstellen in der Hoffnung eventuell dauerhafte Freundschaften aufbauen zu können.

Freddie hatte zusätzlich die Angewohnheit draußen vor der Kirche eine Zigarette anzuzünden. Doch hier in dieser besonderen Kirche, als den Leuten das Rauchen bewusst wurde, sahen sie ihn entsetzt an. Es herrschte auf einmal eine Totenstille über die Menge und alle starrten auf Freddie. Freddie war verwirrt von diesem plötzlich missbilligenden Verhalten und verstand nicht worin das Problem läge.

Was Freddie nicht wusste war das Rauchen in dieser Baptistengemeinde in Amerika eine Sünde. Freddie schändete dadurch seinen Körper, den Tempel Gottes. Und das blieb nicht sein einziger Verstoß.

Am selben Abend hatte die Kirche einen Gastprediger, einen *Evangelist*, oder besser gesagt, einen Wiederbeleber der von Gemeinde zu Gemeinde reiste um Christen in ihrem "toten" Glauben zu erwecken und Ungläubige zu bekehren.

Entwurzelt

Diese Art Gottesdienst war Freddie und Gerda total fremd. Sowas hatten sie noch nie erlebt. Der Prediger hatte eine rundliche Figur, wohlgenährt, der sich nicht ordnungsgemäß hinter den Pult stellte um Gottes Wort mit Seinem Volk zu teilen. Er ging hin und her hinter dem Pult als er sprach. Und je länger er sprach, desto aufgeregter und aufgewühlter wurde er. Mit der Bibel in der hoch gestreckten Hand sprach er immer lauter bis er endlich in einer sehr ausgedehnten amerikanischen Aussprache brüllte, *"If you don't know Jesus-uh, you are lost-uh! If you don't know Jesus-uh, you will die and spend e-ter-nit-ay in hell-uh. If you don't know Jesus-uh, you will burn-uh in the non-ending fire-uh of everlasting hell-uh! The devil-uh will have the victor-ay-uh and will take you into the depths of the fire-uh where you will burn-uh forever-uh!"*

"Wenn ihr Jesus nicht kennt, seid ihr verloren! Wenn ihr Jesus nicht kennt, werdet ihr sterben und die Ewigkeit in der Hölle verbringen! Wenn ihr Jesus nicht kennt, werdet ihr im endlosen Feuer der ewigen Hölle verbrennen! Der Teufel wird siegen und Euch in die Tiefe des Feuers mitnehmen wo ihr auf ewig brennen werdet!"

"Sünder, du mußt Dich bekehren!" fuhr er wie in einem hypnotiziertem Zustand fort. "Du mußt deinen sündigen Lebensweg aufgeben und zu Jesus kommen! Jesus ist der Einzige, der dich retten kann."

Mittlerweile schritt er auf und ab im Gang der Kirche. Der Schweiß lief ihm über die Stirn.

"Gib dem Teufel nicht den Sieg! Komm' zu Jesus! Lass Jesus

dein Retter sein! Laß Jesus dich von deiner ewigen Verdamnis retten!"

Plötzlich wurde sein Tonfall ruhiger und er befahl, "Lasst uns beten!"

An diesem Punkt übernahm der Pastor der Kirche und betete, "Lieber Gott, wir haben Deine Stimme gehört. Ohne Jesus sind wir auf immer verloren. Doch sind wir bekehrt, werden wir die Ewigkeit zur rechten Hand Gottes, unseres Vaters, sitzen! Jesus sei die Ehre!"

Jetzt begann die kleine "Hammond" Orgel leise passende Musik im Hintergrund zum folgenden Aufruf zu spielen:

"Und jetzt," setzte der Pastor fort, "mit jedem Kopf gebeugt und jedem Auge geschlossen frage ich Sie. Wenn Sie Jesus bedürfen, heben Sie die Hand und nehmen Sie Jesus in Ihr Herz hinein! Sie wissen wer Sie sind. Sie wissen, ob Sie ein verlorener Sünder sind. Lassen Sie kein weiterer Tag ohne Jesus als Ihren Herrn und Erlöser vergehen! Heben Sie die Hand und werden Sie NUN gerettet!

Freddie saß mit gebeugtem Kopf auf seinem Platz und Gerda saß stoisch neben ihm. Doch Freddies Augen waren wie selten sonst weit geöffnet. Er war sprachlos und wollte wissen, was als Nächstes passieren würde, denn nie zuvor in seinem Leben hatte er so einen Gottesdienst erlebt!

Er beobachtete wie mehrere "Sünder", mit Furcht betäubt, zögernd ihre Hände hoben. Der Pastor redete weiter, " Der allmächtige Gott weiss, wer Sie sind. Sie können Ihre sündhaften Bräuche nicht von Ihm verbergen!" Einige zusätzliche Hände erschienen während die Hammond Orgel im Hintergrund winselnde Laute von sich gab.

"Nun mit noch immer gebeugten Köpfen und geschlossenen Augen, möcht ich, dass diejenigen mit den gehobenen Händen nach vorne kommen. Wir haben Kirchenältester hier die Sie mitnehmen werden und privat mit Ihnen beten werden."

Die Orgel fuhr mit ihrer klagenden Musik fort während Einige, mit Emotionen überwältigt, nach vorne gingen. Einigen der "Sünder" strömten die Tränen über ihre Wangen. Noch blieben die Gemeindemitglieder emotional verschont. Manch ein Auge füllte sich mit Tränen der Freude über diejenigen die dem Herrn gefunden wurden und sich mit ihren sündhaften Wegen auseinandergesetzt hatten.

Nach dem Gottesdienst gingen Freddie und Gerda Arm in Arm nach Hause. Was sie gerade erlebt hatten ließ sie sprachlos zurück.

Die Baptistenkirche in Deutschland war so anders! Sie waren einen formellen Gottesdienst mit einer etablierten Ordnung gewohnt. Die Musik war erhabener, oft klassisch in der Art. Es war eine Pfeifenorgel die das Präludium und Postludium spielte und den Chor und die ganze Versammlung begleitete.

Doch was Freddie, einen frommen Christ, an diesem Gottesdienst am meisten störte war die scheinbare Hilflosigkeit Gottes selbst Sünder in die Gemeinde zu bringen. Ist Gott nicht allmächtig, fragte sich Freddie? Bräuchte Gott diese Männer um das Volk durch Angst vor der Hölle zu nötigen?

Als der Abend sich dem Ende zuneigte, waren sowohl Freddie

als auch Gerda von den Ereignissen äusserst verstört. Nicht nur gab es tiefe Unterschiede im religiösen Gedankengut zwischen unserem Paar und den Mitgliedern dieser Kirche, aber auch die Hoffnung auf das Beenden ihrer persönlichen Isolierung und Einsamkeit würde sich in dieser besonderen kirchlichen Umgebung sicherlich nicht verwirklichen.

*

Im Herbst 1954 sollte Adelheid eingeschult werden.

Die Kortmann Familie hatte Freddie und Gerda beraten Adelheid nicht in die Van Raalte Schule, die direkt gegenüber war, zu schicken. O, nein! Das sei eine öffentliche Schule. Adelheid solle in eine christliche Schule gehen wo sie keinen Kontakt zu unchristlichen Kindern und schlechten Lehrern haben würde.

Freddie und Gerda fügten sich und entschlossen Adelheid in die christliche Schule zu schicken. Da diese eine private Schule war, mussten sie aus ihrem hart verdienten Geld (von dem sie doch so wenig hatten) Schulgeld zahlen. Doch die Bildung ihrer Kinder war vorrangig. Sie sollten eine bessere Zukunft haben als die Eltern bisher.

Ein Jahr verging. Eines Tages wollte sich Mr. Brooks mit Freddie und Gerda treffen.

Er erzählte ihnen von einem kleinen Haus unmittelbar neben seiner Villa das zu mieten sei. Es wäre doch so bequem wenn die Familie dort wohnen würde. Man bräuchte Gerda dann nicht mehr abzuholen. Sie könne dann um Mrs. Brooks zu pflegen einfach zu Fuß kommen.

Das kleine Haus (76 m²) mit zwei Schlafzimmern und Bad

gefiel Freddie und Gerda und sie entschlossen sich, es zu mieten. Es wurde 1936 gebaut und befand sich in einer netten Nachbarschaft auf einem grossen Grundstück mit hoch aufragenden Ahornbäumen, die im heißen Sommer alles beschatteten. Die

Tulip Time mit Fenni, dem Gouverneur von Michigan, G. Mennen Williams und Adelheid

Mädchen hätten dort viel Platz zum Spielen. Es wäre für sie ein guter Ort zum Aufwachsen.

Mr. Brooks erwähnte auch die Grundschule in der Nähe. "Longfellow School ist eine gute Schule", sagte er. "Es ist nicht notwendig, dass Sie Adelheid in eine christliche Schule schicken", fügte er hinzu. "Die öffentliche Schule ist genauso gut. Machen Sie sich keine Sorgen. Die Mädchen werden eine gute Schulbildung bekommen."

Was Mr. Brooks sagte, bedeutete Gerda und Freddie viel. Sie wechselten die Schule. Im Herbst 1955 fing Adelheid in der Longfellow School an und zwei Jahre später wurde Fenni auch dort eingeschult.

642 Columbia Avenue in Holland Michigan

Die Mädchen gingen gerne in die Schule. Sie waren gute Schülerinnen. Jedoch hatten sie noch kein akademisches Bewusstsein entwickelt. Sie spielten, lernten mit den anderen Kindern das Sozialisieren und waren sorglos wie es bei Kindern sein sollte.

Freddie beklagte sich, dass die amerikanischen Schulen nicht streng genug seien, dass die Kinder zuviel spielten.

Ungefähr zur gleichen Zeit hatte die Beacon Boat Company ihren Vertrag mit der U.S. Marine verloren. Der Vorarbeiter, Mr. Monk, musste 26 Männer entlassen. Natürlich machte sich Freddie auch Sorgen. Arbeitsplätze waren knapp.

Ein Nachbar von der Familie war Personalleiter einer großen Firma und bot Freddie einen Arbeitsplatz an. Um seinem jetzigen Arbeitgeber gegenüber fair zu sein, entschloss sich Freddie, mit Mr. Monk über seine Situation zu reden.

Mr. Monk legte seine Hand auf Freddies Schulter und versicherte ihm freundlich: "Fred, auch wenn die Firma auf acht Mann reduziert werden würde, würde ich Sie behalten!"

Freddie war durch das Versprechen des Vorarbeiters beruhigt. Eine Woche darauf wurde er entlassen.

Mit seinem Werkzeugkasten in der Hand kehrte Freddie nach Hause zu Gerda zurück. Er setzte sich auf seinen Stuhl in der kleinen Essecke in der Küche und weinte. Gerda versuchte ihn zu trösten.

"Freddie", versicherte sie ihm, "du wirst schon etwas anderes finden."

"Nein", sagte er, "du verstehst mich nicht. Ich bin nicht verärgert, weil ich meine Arbeit verloren habe, sondern es stört mich furchtbar, dass ich mich nicht auf Mr. Monks Wort verlassen konnte! In Deutschland hätte ich mich auf ein Versprechen verlassen können. Hier bedeutet das Wort eines Mannes gar nichts!"

Gerda war von der naiven Haltung ihres Mannes anderen gegenüber nicht überrascht. Sie kannte ihn. So war er den ganzen Krieg angegangen.

Er war der Inbegriff eines guten Soldaten gewesen. Er hatte für das Vaterland gekämpft, war fraglos pflichtbewusst und befolgte Befehle (es sei denn, sie verletzten sein persönliches Gewissen und seine Ethik). Er dachte nicht viel über die zugrundeliegende Politik, das größere politische Weltbild oder Hitlers Ideologie nach.

Wie konnte er auch letztendlich über alles Bescheid wissen, was in Deutschland und anderswo passiert war, wenn er drei Jahre lang an der russischen Front verschanzt war? Man konnte doch gar nichts wissen, da die Kämpfe ihn immer weiter östlich trieben. (Als Teil der Division, die weiter als alle anderen in den russischen Osten eingedrungen war, hatten sie fast Baku am Kaspischen Meer erreicht.) Sie drängten sich immer weiter vor, um die östlichen Grenzen des Deutschen Reiches auszudehnen.

Und wenn der Krieg zum Gesprächsthema wurde, reagierten Gerda und Freddie in entgegengesetzter Weise darauf. Trotz der Grausamkeiten, die beide erlebt hatten, fokussierte Freddie auf seine großen Abenteuer und die eigenartigen Anomalien des Krieges. Er erzählte gerne - und es gab auch viel zu erzählen - über die Ironien, die freundlichen Begegnungen an den feindlichen Linien entlang, das Dorfleben der Russen und die größere christliche Gemeinschaft der Gläubigen, ob deutsch oder russisch, die Landesgrenzen und ein Krieg nicht auseinanderspalten konnten.

Andererseits blieb Gerda ruhig, wenn "der Krieg" das Gesprächsthema war. Ihre Erinnerungen waren zu schmerzhaft und privat, um sie mit anderen zu teilen. Sie spiegelten einen langen Alptraum mit hier und da eingestreuten bittersüßen Erinnerungen an Fritz wider. Sie wurde jeweils traurig, schüttelte den Kopf und ließ ihre Gedanken dabei unausgesprochen, während Freddie in seinen Erinnerungen vergangener Kriegsabenteuer schwelgte und dabei scherzte und lachte.

Im Frühling 1956 hatte das kleine Haus in der Columbia Avenue Klempnerprobleme. Der Eigentümer wollte sich weder hiermit noch mit zukünftigen Reparaturen befassen. Er entschloss sich, das Haus zu verkaufen. Diese Entscheidung des Eigentümers trieb Gerda und Freddie an eine Weggabelung. Sie mussten jetzt eine Entscheidung treffen. Auf welchem Weg, der den Rest ihres Lebens bestimmen würde, sollten sie gehen?

Der Eigentümer ließ Ihnen vor anderen möglichen Käufern die Wahl, ob sie das Haus kaufen wollten oder nicht. Sollten Freddie und Gerda das tun? Wenn ja, wäre eine Rückkehr nach Deutschland nicht mehr möglich.

Gerda schaute Freddie zu, als er die finanziellen Zahlen überprüfte. War der Kauf überhaupt machbar? Der Kaufpreis betrug 12.000 Dollar - in der Tat eine schwere Entscheidung.

Es war Freddie gelungen, eine Arbeit in einer Schraubenfabrik, nur eine Straße vom Haus entfernt, zu finden. Als er sich um die Stelle beworben hatte (im Morgengrauen war er schon als Erster vor Ort) und als die Türen endlich geöffnet wurden, sah Freddie einen Stapel Bewerbungen auf dem Schreibtisch des Geschäftsführers. Er füllte das Bewerbungsformular sofort dort aus und ein zusätzliches in der "Baker Furniture Company", einem Möbelhersteller.

Die Möbelfirma bot ihm sofort eine Stelle mit einem Stundenlohn von 85 Cent an. Also kehrte Freddie zur Schraubenfabrik zurück und sagte: "Ich könnte in der Möbelfabrik sofort anfangen. Aber ich würde lieber hier arbeiten. Wenn Sie mich wollen, hier bin ich! Außerdem wohne ich nur eine Straße von hier entfernt."

"Sie können morgen anfangen", antwortete der Chef.

Freddie und Gerda hatten in Amerika eine gute Grundlage für sich selbst geschaffen. Nicht nur hatten beide eine Arbeit gefunden - sie hatten auch beide weniger als fünf Minuten zu Fuß zur Arbeit!

Außerdem besaßen die beiden nun ein gewisses Maß an finanzieller Sicherheit - besser als mancher Amerikaner. Es wurde mit akribischer Überlegung gewirtschaftet.

Und ja, sie hatten sich einen Fernseher angeschafft. Es war eine große Bildröhre mit einem Metallrahmen auf einem Metallständer. Und trotz des öfteren Rollens des Bildes, was eine Justierung mittels eines Knopfes auf der Rückseite des Fernsehers erforderte, konnte die kleine ausländische Familie, wie ihre amerikanischen Nachbarn, diese moderne Erfindung genießen.

Entwurzelt

Weihnachten 1956 gab es einen Fernseher ...

... und einen Schneemann

Und nun, einige Monate später, stand die Familie einem Dilemma gegenüber.

Wenn Freddie und Gerda mit ihren zwei Kindern nach Deutschland zurückkehrten, hieß das, dass sie wieder ganz von vorne mit nichts in der Hand anfangen müssten. Würde es Freddie möglich sein, die Familie in Deutschland zu versorgen? Sie würden sicherlich nicht ihr eigenes Haus kaufen können, aber sie könnten wieder bei Gerdas Eltern wohnen. Sie dachten tagelang über alles nach. Vor- und Nachteile wurden abgewogen.

Zum Schluss sagte Gerda: "Freddie, ich werde das tun, was du für angemessen und das Beste für die Familie hältst."

Sie entschlossen sich zu bleiben und kauften das Haus.

Darauf folgten ziemlich glückliche Tage. Der Alltag war stabil und vorhersehbar.

*

Ab und zu durften Adelheid und Fenni die Brooks-Villa betreten. Die Kinder unterhielten sich so gerne in der Küche mit Grace, der Köchin. Sie spielten oft draußen auf der langen Veranda, die fast das ganze Haus umgab. Und sie erforschten das Innere des Hauses und gingen so leise wie möglich auf Zehenspitzen. Sie durften nicht in die zweite Etage, wo Mrs. Brooks in ihrem Schlafzimmer im Bett lag.

Ihre Lieblingsetage war die dritte, wo sich der Ballsaal befand. Hier, bevor Mrs. Brooks krank wurde, versammelten sich Freunde, Würdenträger, Politiker und andere wichtige Bekannte der Brooks-Familie, um große Parties und Feste zu feiern. Bei diesen Gelegenheiten gab es reichlich Musik, Tanz, Speis und

Trank.

Adelheid und Fenni bewunderten diesen nun stillen, leeren Saal. Die Decke war blau - übersät mit unzähligen goldenen Sternen, die in der Dämmerung durch die untergehende Sonne, deren Strahlen durch die Buntglasfenster drangen, funkelten.

Gerda, Fenni und Adelheid in der Eßecke ihres kleinen Hauses

Im Rest des Hauses befanden sich zusätzliche festliche Salons, in denen Mrs. Brooks früher ihre wohlhabenden Bekannten empfing und wo sie oft nachmittags Tee tranken. Aber jetzt gehörten diese Veranstaltungen der Vergangenheit an.

In einem der stattlichen Säle stand ein prunkvoller Flügel. Die Wände waren mit Kerzenleuchtern verziert. Als Gerda zum ersten Mal den Flügel sah, erwähnte sie, wie schön es doch wäre, wenn ihre beiden Mädchen eines Tages auch Noten lesen und

Klavier spielen könnten!

Fenni, jetzt eine Vierjährige mit lang fließendem blondem Haar, setzte sich ahnungslos an den Flügel. Sie legte ihre Hände flach auf die Tasten und verzog das kleine Gesichtchen. Mr. Brooks sah zu und lächelte. Er meinte Adelheid, die schon sieben war, solle doch mit dem Klavierunterricht anfangen. Er würde einen jungen Mann kennen, der ins Haus kommen und sie unterrichten könnte.

Doch Adelheids intellektuelle Entwicklung war noch nicht soweit, um diese besondere Gelegenheit schätzen zu können. Sie hatte nicht die nötige Disziplin täglich zu üben und wollte lieber mit Fenni spielen.

Fenni an Mr. Brooks Flügel

Also, nachdem einige Zeit vergangen war entschied

Gerda den Klavierunterricht zu beenden. Es war weder der Mühe wert Mr. Brooks zu belästigen, noch das schwer verdiente Geld dafür auszugeben.

Vielleicht würden ihre Kinder später ein Interesse dafür entwickeln. Letztendlich waren sie jetzt in Amerika, wo Kinder solche Chancen nutzen sollten.

*

Im Dezember 1956 starb Mrs. Brooks.

Offensichtlich wurden Gerdas Dienste in der Brooks-Villa nun nicht mehr benötigt. Sie und Freddie steckten ihre Köpfe zusammen um zu entscheiden, was sie als Nächstes tun sollten.

Trotz der Tatsache, dass Gerda ein eigenes Haus hatte, das Eigentum war (was in Deutschland nicht unbedingt selbstverständlich war), konnte das nicht das emotionale Vakuum, das sie spürte, füllen. Sie vermisste zutiefst ihre Familie und den Lebensstil in Deutschland. Die Leere in ihrer Seele wurde von Sehnsucht und Verlangen eingenommen.

In den vergangenen Monaten war die Familie sparsamer denn je gewesen. Daher schlug Freddie vor, dass Gerda mit den Mädchen im Sommer Opa und Oma in Deutschland besuchen könnten. Das Geld für die Schiffsreise war vorhanden. Und sie würden sich von Mr. Brooks beraten lassen, wie sie zum Hafen in New York gelangen könnten.

Die kleine Familie hatte nämlich kein Auto. Glücklicherweise war ihr Haus nur wenige Gehminuten von allem, was sie zum Leben brauchten, entfernt. Und in der Tat gingen sie immer zu Fuß: in die Stadt, in die Schule, zum Einkaufen und zur Arbeit.

Mr. Brooks war ein guter, einfühlsamer Mann. Ohne ihnen direkt Geld zu geben, versuchte er wann und wo er konnte die kleine Familie zu unterstützen. Seine Ermutigung bedeutete Gerda und Freddie viel und in der Regel folgten sie seinem Rat. Letztendlich war er nicht nur ein prominenter Führer in der Stadt, sondern auch auf der staatlichen Ebene. Während es der Familie schwer fiel, über ihre begrenzte Sphäre, in der sie lebten und arbeiteten, hinauszusehen, schien Mr. Brooks die gesamte Welt von oben bis unten zu betrachten. Er wusste, was die Welt zum Drehen brachte.

Ab und zu ließ er Freddie sein Auto benutzen. Und manchmal durfte die Familie sogar sein großes Ferienhaus am Michigansee einige Stunden lang benutzen.

Mr. Brooks war auch der Meinung, eine Deutschlandreise wäre eine gute Idee für Gerda und ihre Töchter. Und natürlich hatte er auch eine logistische Lösung für die Fahrt nach New York City.

"Wir werden mit meinem Auto nach New York fahren", kündigte Mr. Brooks an. "Freddie kann die längste Strecke fahren und ich leiste ihm Gesellschaft auf dem Rückweg." Und so kam es auch.

Im Juni 1957 stieg die Familie in Mr. Brooks übergroßen Chrysler Imperial mit den damals allgegenwärtigen üppigen Heckflossen für die Fahrt nach New York City. Als sie sich am Stadtrand von New York City befanden, meinte Freddie, es sei jetzt besser, dass Mr. Brooks das Steuer übernehme. Freddie

Der 1957er Chrysler Imperial

hatte seit dem Zweiten Weltkrieg kein vierrädriges Fahrzeug mehr regelmäßig gefahren. Außerdem wusste er, dass der Verkehr mitten in New York City mit seinen unzähligen Einbahnstraßen, den hupenden Taxifahrern usw. ein Alptraum sein könnte.

"Ach, nein," versicherte ihm Mr. Brooks. "Sie machen es doch gut! Fahren Sie ruhig weiter!"

Nach einem Moment purer Panik biss Freddie seine Zähne zusammen und zwang sich selbst, seine Beklommenheit zu überwinden. Trotz der Einbahnstraßen, des engen Stoßstange-an-Stoßstange-Verkehrs, des Geplärrs der Autohupen und ungeduldiger Taxifahrer, die ihn böse ansahen und gestikulierten, brachte Freddie die Familie sicher zum Hafen.

*

Die elftägige Reise über den Ozean war ereignislos. Doch die lange Fahrt und das unendliche Wasser machten Gerda noch einmal klar, wie groß die Welt und wie weit die Entfernung, die zwischen ihr und ihrer Familie in Deutschland lag, doch sei.

Was für eine freudige "Heimkehr" es war! Es war doch wunderbar, ihre Eltern und Tante Dina nochmal zu sehen! Nach ihrer dreijährigen Abwesenheit war es nun, als hätte sie Deutschland nie verlassen. Sie war wieder zu Hause!

Alle wollten Gerda und die Mädchen sehen. Sie wurden mit herzlichen Einladungen von Verwandten und Bekannten geradezu überschüttet. Außer der Tatsache, dass alle Kinder in den drei Jahren größer geworden und neue Häuser entstanden waren und immer noch gebaut wurden, war es, als ob Gerdas Familie nie in einem Zuhause - mehr als 6.500 Kilometer von hier entfernt - Wurzeln geschlagen hätte.

Es war die Zeit des deutschen Wirtschaftswunders, des bemerkenswerten Aufschwungs nach dem Zweiten Weltkrieg und der erneuten industriellen Entwicklung. Ja, Gerda hatte ihr eigenes Haus in Michigan, doch der Wohlstand in Deutschland hatte ihre Geschwister, andere Verwandte und Bekannte auch nicht übergangen. Für sie war Gerda erleichtert, dass Zeichen des Leids und der Verwüstung, die der Krieg mit sich gebracht hatte, langsam verschwanden. Die Menschen bauten sich ein neues Leben auf. Die Zeit, die inzwischen vergangen war, heilte die alten Wunden und fügte gebrochene Herzen wieder zusammen.

In diesem Sommer wurde viel mit Bekannten unternommen, denn wenn der Sommer wieder der Vergangenheit angehören würde, wusste man letztendlich nicht, ob und wann man Gerda und die Mädchen jemals wiedersehen würde. Es war ein Gedanke, mit dem sich Gerda im Moment lieber nicht beschäftigen wollte.

Sie gingen oft spazieren. Gerdas Vater und Tante Dina waren

Die Westmühle 1957 auf dem Mühlenberg in Gildehaus

fast immer dabei. Sie pflückten Kornblumen und andere Wiesen-
blumen, die am Rand der Weizenfelder wuchsen. Manchmal kamen sie mit großen Sträußen Lupinen nach Hause. Oder sie gingen durch das Gildehauser Venn und erfreuten sich einfach nur
an der Heide und der Natur. Die Landschaft dort war idyllisch und
ruhig.

Die Mädchen gingen auch im Freibad in Bentheim schwimmen, wo sie oft Bekannte trafen. Und sie sahen "Dornröschen"
auf der Freilichtbühne, wo die böse Hexe die fünfjährige Fenni so
sehr erschreckte, dass sie sich während der ganzen Vorstellung
an Tante Dina festklammerte.

Wie in vergangener Zeit, saß Tante Dina abends bei ihnen im
Hause von Gerdas Eltern und strickte fleißig oder machte andere
Handarbeiten.

Alles in allem, der Sommer hätte nicht schöner sein können! Dies würde aber unweigerlich die Rückreise in die U.S.A. viel schwerer machen.

Und so war es auch. Dass Gerda sich ein zweites Mal von ihren Eltern verabschieden musste, fiel ihr unerträglich schwer. Ihre Eltern und Tante Dina waren nun drei Jahre älter. Auch wenn sie sich die teure, elftägige Reise nochmal leisten könnte, wären die drei dann noch da?

Was die bevorstehende Reise zusätzlich schwerer machte als die letzte, war die Tatsache, dass sie sich nicht mehr voller Träume und Hoffnungen ins Ungewisse, ins "Gelobte Land" wagte. Sie wusste, was sie am anderen Ende erwartete.

Ihr graute vor dem einsamen, isolierten Leben in Holland, wo das, was die Amerikaner als "friends" bezeichneten, eigentlich nur Bekannte waren.

Sehr enttäuscht lernten Freddie und Gerda, dass viele Leute eher oberflächlich waren. Sie begrüßten sich gegenseitig mit den Worten "How are ya?", wären aber verblüfft, wenn sie eine andere Antwort als "fine" bekämen. Wenn die Wahrheit ausgesprochen werden würde, wäre es den Bekannten im Grunde doch egal, ob sie lebten oder stürben. Einige ihrer Verwandten hätten sich sogar hämisch gefreut, wenn die kleine Familie in Amerika versagt hätte. Und was Amerikaner anbelangte, waren Gerda und Freddie noch nicht lang genug im Lande gewesen, um eine echte Freundschaft einzugehen und zu hegen.

Als Gerda daher mit ihren Töchtern die Rückreise mit dem Schiff antrat, verknotete sich ihr Magen. Sie spürte die ihr schon bekannte quälende Leere in ihrer Seele. Es gab kein Umkehren mehr. Ihr Leben hatte sie schon zu sehr an die neue Welt gefesselt.

*

Die Rückkehr nach Holland war für Gerda also bittersüß. Sie war froh, Freddie wiederzusehen und wieder in ihrem eigenen, kleinen Haus zu sein. Seinerseits war Freddie überglücklich, seine Familie wieder bei sich zu haben. Er hatte sie schrecklich vermisst. Und außerdem hatte er aufregende Neuigkeiten!

Die Mackinac Brücke, die die zwei Halbinseln von Michigan verbinden würde und über der Meerenge zwischen dem Michigansee und dem Huronsee gebaut wurde, war kurz vor der Fertigstellung.

Mackinac Brücke -- eröffnet am 1. November 1957

Mr. Brooks meinte, es würde besonders den Mädchen Spaß machen, vor dem Schulanfang nach Nord-Michigan zu fahren und aus erster Hand den Baufortschritt zu sehen. Er war sich ziemlich sicher, dass die Familie noch nie solch eine Brücke gesehen hatte. Letztendlich betrug der Abstand zwischen den zwei Türmen der Hängebrücke fünf Meilen (acht Kilometer) - länger als selbst die Golden Gate Brücke in Kalifornien!

Also stieg die ganze Familie noch einmal mit Mr. Brooks in seinen Chrysler ein und fuhr los.

Adelheid, Mr. Brooks, Fenni und Freddie

Gerda hatte Ehrfurcht vor der natürlichen Schönheit Michigans. Sie fuhren in den Norden an der Küste entlang. Sie war vom See hypnotisiert, der sich bis zum Horizont in alle Richtungen streckte. Man würde fast meinen, man hätte einen Ozean vor Augen.

Die Wellen schlugen gegen das sandige Ufer und der Wind,

der vom Wasser her wehte, verursachte, dass die Gräser am Strand hin und her schwankten, wie Teil eines choreografierten Tanzes. Viel von dem Seeufer war noch unberührt und wild. Es sah aus, als hätte tausend Jahre lang niemand dort auf den feinen weißen Sand seinen Fuß gesetzt.

Und nun durften sie und ihre Familie einige kurze Augenblicke lang die Einzigen sein, die privilegiert waren, diesen Ehrfurcht gebietenden Teil von Gottes Erde - so weit das Auge reichte - zu genießen.

Es wurde Zeit, sich ein Auto anzuschaffen. Doch es gab drängendere Probleme, die der Aufmerksamkeit bedurften.

*

An erster Stelle wollte Gerda wieder arbeiten gehen - genauer gesagt wollte sie zurück zur Krankenpflege. Die Familie lebte von einer sehr geringen Summe, die Freddie verdiente und Gerda war mehr als bereit, beim Unterstützen der Familie zu helfen. Immerhin liebte sie ihren Beruf als chirurgische Krankenschwester und fand wahre Befriedigung in der Pflege ihrer Patienten. Sie wusste, dass sie in diesem Bereich ein besonderes Talent hatte und dank ihrer Erfahrung eine ausgezeichnete Krankenschwester war. Holland hatte ein städtisches Krankenhaus. Sie würde sich dort bewerben.

Wie erwartet benötigte das Krankenhaus die passenden Unterlagen: ihren Lebenslauf, Ausbildungszeugnisse, Arbeitserfahrung und Hintergrundinformation zu ihrer Person. Das hieß natürlich, dass alle relevanten Papiere aus Deutschland geschickt und offiziell ins Englische übersetzt werden mussten.

Sie fing sofort mit dem Prozess, alle Unterlagen anzufordern, an.

Doch die Räder der Bürokratie drehten sich langsam. Außerdem wurde Post aus Deutschland im Schneckentempo geliefert. Monate vergingen, bevor ihre Dokumente gefunden und übersetzt worden waren. Dann wurde alles auf Mikrofiche übertragen und nach Michigan versandt. Endlich konnte Gerda ihre Antragstellung bei der Krankenhausverwaltung einreichen!

In der Zwischenzeit hatte sie sich damit abgefunden, dass sie im Krankenhaus nur als Schwesternhelferin tätig sein durfte. Also durfte sie nicht die Arbeit einer staatlich-geprüften Krankenschwester ausführen. Ihre Arbeit beschränkte sich auf niedrige Tätigkeiten: Betten machen, Patienten füttern wenn nötig, sie auf Bettpfannen setzen und andere nicht sehr angenehme Pflichten. Und sie kümmerte sich um das allgemeine Wohlbefinden der Patienten.

Sie fügte sich ihrem niederen Status und nahm sich vor, ausgezeichnete Dieste zu leisten. Dieser Status würde schließlich nur vorübergehend sein und es wäre nur eine Frage der Zeit, bis sie ihre Schwesternhaube wieder aufsetzen könnte.

Gerda hatte die Krankenpflege vermisst seitdem Mrs. Brooks verstorben war. Ihre Patienten schätzten sie, was ihr große persönliche Befriedigung gab. Das machte die schlecht bezahlte Arbeit der Mühe wert! Während einige Schwestern um die Schwesternstation herumlungerten, sich unterhielten und die Augen auf die Uhr hefteten, bis sie nach Hause gehen konnten, setzte Gerda sich wie keine andere für ihre Patienten ein.

Es geschah oft, wenn sie außerhalb des Krankenhausumfeldes war, dass ehemalige Patienten sie anhielten um sie zu loben - wie besonders ihre Fürsorge gewesen war und wie wohl die Patienten sich dann fühlten. Es machte Gerda glücklich zu wissen, dass sie einen Unterschied in deren Leben machte.

Und dann fiel die Entscheidung der Krankenhausverwaltung: Nein!

Nein, sie dürfe nicht als staatlich-geprüfte Krankenschwester arbeiten, wenn ihr Beglaubigungsschreiben und ihre Ausbildung aus einem fremden Land stammten. Die hätten hier keine Gültigkeit.

Gerda war von dieser Nachricht am Boden zerstört. Die volle Wirkung dessen, was das täglich im Krankenhaus bedeuten würde, wurde im Nu kristallklar. Nie wieder würde sie ihre Schwesternhaube, das Symbol ihrer Qualifikation und Ausbildung, aufsetzen dürfen. Nie wieder würde sie den Operationssaal betreten dürfen, um den Ärzten zu assistieren. Nie wieder würden ihr sowohl die Autorität als auch die Achtung einer gut ausgebildeten, erfahrenen Krankenschwester geboten werden. Ihre gewissenhafte Patientenbetreuung würde auf eine niedrige und grundlegende Ebene beschränkt werden.

Es war nicht überraschend, dass Schwestern, die sie und ihren Hintergrund nicht kannten, Gerda oft herablassend behandelten. Letztendlich war sie doch nur Schwesternhelferin - sie konnte doch nichts wissen! Und sie sprach Englisch mit einem Akzent, was scheinbar doch auf weniger Intelligenz hindeutete. (Ironischerweise hatte Gerda ein sehr gutes Ohr für Sprachen. Eines Amerikaners schlechte Grammatik fiel ihr sofort auf.)

Von da an wurde sie täglich daran erinnert, dass sie in Amerika als minderwertig angesehen und behandelt werden würde.

*

1958 fing General Motors an, Autos unter dem Markennamen "Opel" aus Deutschland zu importieren. Total aufgeregt entschieden sich Freddie und Gerda eins zu bestellen. In vier Monaten wäre es da - eine kleine, viertürige, Vierzylinder-Limousine in seeblauer Farbe!

Die ganze Familie konnte die Ankunft des Autos kaum erwarten! Bald könnten sie mit dem Auto zum Einkaufen fahren. Sie würden auch zur Brücke fahren und in Nord-Michigan Urlaub machen können. Ihre Welt würde viel größer werden und nicht mehr am Horizont enden.

Als das Auto da war, baute Freddie zwei kleine Plattformen aus Holz, die perfekt und bündig auf beide Seiten des Antriebswellentunnels hinter den Vordersitzen passten. Dadurch schuf er eine ebene Fläche knapp unter der Rücksitzbank, auf der eins der Mädchen schlafen konnte während einer langen Reise. (Zu dieser Zeit wurden Autos noch nicht mit Sicherheitsgurten ausgestattet und niemand hielt dies für gefährlich.)

Und so kam es dann, dass die Familie 1958 zwei lange Reisen unternahm. Eine der Reisen führte sie zurück nach Nord-Michigan zur oberen Halbinsel (welche von nun an ein jährliches Ziel sein würde).

Das ganze Jahr hindurch freute sich die Familie auf ihren zweiwöchigen Urlaub. Manchmal standen sie vor dem Morgengrauen auf, verließen Holland um vier Uhr morgens und aßen

Entwurzelt

Frühstück am Ufer des Michigansees in Traverse City Michigan. Es war so eine glückliche Zeit! Unterwegs war das Auto voller Musik als sie alle zusammen sangen:

> Das Wandern ist des Müllers Lust
> Das Wandern ist des Müllers Lust
> Das Wandern!
> Es muss ein schlechter Müller sein,
> Dem niemals fällt das Wandern ein,
> Dem niemals fällt das Wandern ein!
> Das Wandern!

Musik: Carl Friedrich Zöllner
Text: Wilhelm Müller

*

Gerda war schon immer sowohl eine vergebende als auch eine gebende Person. Es war ihretwegen, dass die Beziehung zu Freddies Vater und der Stiefmutter besser wurde.

Doch gab es keinerlei Entschuldigungen seitens Hindrik und Fenna für Missetaten der Vergangenheit. Und trotz dieser verbesserten familiären Beziehung würde sie nie eine warme und liebevolle sein. Hindrik und Fenna waren unfähig mit Freddie, Gerda und den Mädchen liebevoll umzugehen. Wussten sie überhaupt was "Liebe" heißt? Außerdem waren in der Vergangenheit zu viele irreparable Schäden entstanden. Man konnte sie weder rückgängig machen noch vergessen.

Während der ersten paar Jahre, die sie das Auto besaßen (und da Hindrik keinen Führerschein hatte), hatten sie Hindrik und Fenna großzügigerweise zweimal eingeladen, mit ihnen in den Urlaub zu fahren. Einmal nach Dayton, Ohio um Cousins aus der Grafschaft Bentheim, die sich dort niedergelassen hatten, zu besuchen und das zweite Mal zu ihrem bevorzugten idyllischen Urlaubsort Nord-Michigan. Es schien nie ein Hindernis zu sein, dass alle sechs sich in den kleinen Opel zwängten. Und Gerda freute sich, dass sie diese wunderbaren Urlaube mit Hindrik und Fenna teilen konnten!

Später, als andere Verwandte und Bekannte anfingen Autos zu erwerben, bekamen Hindrik und Fenna auch Einladungen von ihnen. Da sie nun mehr Mitfahrgelegenheiten hatten, beklagte sich Fenna eines Tages, es wäre doch eine Zumutung, sich in Freddies kleines Auto hineinquetschen zu müssen!

"Wie kann man nur so ungnädig und undankbar sein?" dachte Gerda, als sie das hörte. Fenna würde sich nie ändern.

*

Wie es auch bei amerikanischen Familien üblich war, versammelte sich unsere Familie ebenfalls jeden Tag um den Esstisch, um die Ereignisse des Tages zu besprechen. Es war eine wichtige, gesellige Zeit des täglichen Lebens und verband die Familie.

Adelheid und Fenni sprachen natürlich von dem, was in der Schule geschah. Ein neues Schuljahr hatte wieder einmal begonnen. Adelheid erzählte ihrer Mutter von einem kleinen amerikanischen Mädchen in ihrer Klasse namens Lily Shaunnessey*. Sie berichtete, dass das Mädchen jeden Tag sehr schmutzig angezogen sei. Ihr Haar sei nie gekämmt und manchmal röche sie auch schlecht!

Gerda war entsetzt, als sie Adelheids Geschichte hörte. Wie konnte eine Mutter wie Mrs. Shaunnessey ihr eigenes Kind so vernachlässigen? Sie konnte sich solch ein liebloses, gleichgültiges Verhalten der Mutter gegenüber ihrer Tochter nicht vorstellen!

Einige Monate später gab es in der Schule Eltern-Lehrer-Besprechungen. Es war eine Gelegenheit für Eltern, sich mit den Lehrern zu treffen und den Fortschritt ihrer Kinder zu besprechen.

Gerdas Besprechung mit Adelheids Lehrerin war für den späten Nachmittag vor ihrer Schicht im Krankenhaus geplant. Gerda hatte vor, zu Fuß zur Besprechung zu gehen und von da aus direkt zur Arbeit im Krankenhaus zu gehen.

Als Gerda das Klassenzimmer betrat, sah die Lehrerin sie kritisch an. Gerda hatte ihre frisch gestärkte weiße Uniform an. Ihr Haar war ordentlich zu einem Knoten im Nacken zusammengebunden. Und ihre weißen Schuhe glänzten, denn sie wurden täglich geputzt. Ihr Aussehen war nicht glamourös, aber auch nicht alltäglich. Sie trug kein Make-up.

In einem Augenblick war es der Lehrerin klar, wer diese schlicht aussehende Frau sein müsse. Sie stand auf, um Gerda zu begrüßen und sagte zuversichtlich: "Sie sind wohl Mrs. Shaunnessey!"

"Nein", antwortete Gerda - ihre Fassung aufrechterhaltend. "Ich bin Mrs. Holthuis."

In ihrem Inneren war Gerda total schockiert und beleidigt,

dass die Lehrerin sie für die Mutter des kleinen schmutzigen, vernachlässigten Mädchens hielt! War es so, weil sie weder eine typische amerikanische Frisur noch die neueste Mode oder Schminke trug? Es konnte sicherlich nicht sein, weil sie schmutzig aussah! Man könnte bei ihr zu Hause vom Fußboden essen - so sauber war alles!

Dieses eilig und zu Unrecht gefällte Urteil ihrer Person - basierend auf einer stereotypen Vorstellung, wie eine amerikanische Frau und Mutter aussehen sollte - würde Gerda den Rest ihres Lebens belasten. Wahrnehmungen wie diese und auch ihr Arbeitsstatus als geringgeschätzte Schwesternhelferin begannen an ihrem einst so selbstbewussten Charakter zu nagen. Dennoch ging das Leben gleichgültig mit den zufälligen Höhen und Tiefen weiter, die jede etablierte Routine begleiten.

Freddie arbeitete hart in der Schraubenfabrik. Er spazierte mittags nach Hause, um gemeinsam mit der Familie zu essen. Fenni und Adelheid, ebenso wie die anderen Kinder der Schule, kamen mittags nach Hause. Es war eine angenehme Pause während des Tages.

Da Gerda und Freddie in ihrer eigenen Jugend keine Exzesse oder Luxus erlebt hatten, setzten sie hohe und anspruchsvolle Maßstäbe für ihre Töchter. Sie erwarteten, dass die Mädchen in der Schule fleißig seien, denn ihrer Ansicht nach sei eine gute Bildung der Schlüssel zum Wohlstand.

Glücklicherweise waren die Mädchen gute Schülerinnen und gingen gerne in die Schule. In ihren jungen Jahren spielten sie eine oder zwei Stunden nach dem Unterricht. Danach saßen sie am Küchentisch und machten ihre Schulaufgaben, lernten und lasen Bücher.

Das wöchentliche Leben der Familie hatte Ordnung und Berechenbarkeit. Nach den Werk- und Schultagen diente der Sonnabend zum Saubermachen und sich auf den Sonntag vorzubereiten. Es war die Aufgabe der Mädchen das Bad, die Schlafzimmer und das Wohnzimmer zu reinigen. Der Sonntag war der Kirche (meistens zweimal Gottesdienst: morgens und abends), Schulaufgaben und der Ruhe vorbehalten.

Zu dieser Zeit runzelten die Bewohner von Holland (besonders die unmittelbaren Nachbarn) die Stirn, wenn man den Sonntag nutzte um Spaß zu haben. Da sie keinen Anstoß erregen wollten, versuchten Gerda und Freddie sich an die örtlichen Gepflogenheiten anzupassen.

Folglich wurde am Sonntag weder im Michigansee gebadet, noch durften die Mädchen draußen spielen.

Soweit es um die Kleidung ging, trugen die zwei Schwestern häufig die Sachen, die Gerda für sie genäht hatte. (Immer bestrebt die beste Frau und Mutter zu sein, saß sie oft bis spät in der Nacht an der Nähmaschine.) Sie ignorierte irgendwelchen Gruppenzwang im Umfeld der Mädchen. Ihre Mädchen würden keine Blue Jeans oder die braunen und weißen *saddleshoes* (Sattelschuhe) die damals Mode waren, tragen. Es ging hier nicht ums Geld, sondern ihrer Meinung nach gehörten diese Sachen einfach nicht in die Garderobe eines Mädchens.

Ja, die Mädchen wurden streng erzogen. Was auf den Teller kam, wurde ohne Ausnahme aufgegessen. Manche Träne tropfte

Adelheid Holthuis

in die ungern gegessene Gemüsesuppe.   Und Freddie bestand darauf, dass sich seine Töchter das Haar nicht schneiden ließen. Wie bleibt man dann aber ordentlich aussehend, wenn man sich das Haar wegen der Länge weder selbst waschen noch kämmen kann?

Adelheid und Fenni hatten deswegen lange Zöpfe, die ihnen den Rücken hinunter hingen. Gerda wurde es übertragen, jeden Morgen und manchmal auch abends das Haar neu zu flechten. Es ist unnötig zu erwähnen, dass die beiden nicht wie durchschnittliche amerikanische Mädchen aussahen!

Als sie dann Teenager wurden, sah es Freddie außerdem ungern, dass sie sich schminkten. Gerda unterstützte ihn, indem sie ihren Töchtern sagte: "Ihr habt die Schönheit, die nur die Jugend bieten kann. Ihr braucht kein Make-up!"

Adelheid und Fenni in holländischen Trachten während des "Tulip Time" Festes

182

Gerdas Schicht im Krankenhaus von 16 Uhr bis Mitternacht wurde ihr allmählich zur Routine. Da sie keinen Führerschein besaß, lief sie die Meile nachmittags zu Fuß, da Freddie zu dieser Zeit noch arbeitete. Um Mitternacht holte er sie dann mit dem Auto ab.

Die Winter in Michigan waren hart. Die Stadt wurde gewöhnlich wegen des Sees unter Schnee begraben, da ein warmer Wind Feuchtigkeit über dem Wasser aufnahm und sobald er die eisigkalte Küste erreichte, die Feuchtigkeit in Form von Schneefällen wieder abgab.

Trotz der frostigen Kälte hängte Gerda immer die Wäsche nach draußen, wo sie trocknen sollte. Die Bettlaken froren in der eisigen Kälte ein und knackten und knarzten im Wind. Und wenn Gerda sie von der Leine abnahm, fragten sich die Mädchen immer, ob die Laken beim Zusammenlegen nicht brechen und reißen würden.

Die Laken wurden dann mit flüssiger Stärke per Hand besprengt. Wenn sie keine Zeit hatte die Bettwäsche sofort zu bügeln, rollte Gerda die Wäsche fest zusammen und stapelte die Rollen im Gefrierschrank. Dort behielten sie ihre Feuchtigkeit bei, bis Gerda die Zeit fand, alles zu bügeln.

Jedes Jahr, zu Beginn des Frühlings, machte sie ihren "Frühlingsputz". Eines Tages kam Adelheid von der Schule nach Hause und fand die Wohnzimmermöbel draußen auf dem Rasen im Vorgarten. Mit einem geleerten Wohnzimmer fiel es Gerda leichter, die Fußleisten zu putzen und keine Ecken zu übersehen. Ihr Haus würde sauber sein, falls jemand käme!

Das Haus in der Columbia Avenue im Winter

Und wenn Gäste eingeladen wurden, ist es nie jemandem aufgefallen, wie klein das nur etwa 75 Quadratmeter große Haus eigentlich war. Die Leute saßen um den Tisch in der kleinen Essecke und falls Kinder dabei waren, saßen diese an einem Kindertisch im Wohnzimmer mit Adelheid und Fenni.

Vor einem Besuch zeigte Gerda wie gewohnt ihre Nervosität, denn es sollte alles perfekt sein. Die Tische wurden sorgfältig gedeckt. Ihr bestes Porzellan und eine Vase mit Blumen aus dem Garten wurden auf weiße Tischdecken gestellt. Die Luft war erfüllt von einem Duft nach herzhaftem Essen, der den Appetit weckte. Und, wie gewöhnlich, ruhte die Kaffeekanne auf dem köchelnden Wasserkessel, um den Kaffee warm zu halten. Trotz ihrer Befürchtungen erwiesen sich die Besuche ausnahmslos als wundervoll. Alle genossen die gesellige Zeit zusammen.

Entwurzelt

Der Höhepunkt des Sommers war selbstverständlich die Fahrt nach Nord-Michigan. Es waren Tage der Ruhe und Entspannung am Seeufer. Sie schwammen und wanderten am sandigen Ufer entlang. Freddie hatte auch einen Campingkocher gekauft. Sie genossen das Kochen und Essen draußen auf den Picknickplätzen, die überall dort vorhanden waren. Besonders Gerda genoss es, die Küste nach Muscheln abzusuchen und sie erfreute sich an der unberührten Schönheit, die sie umgab.

Auch der Herbst war in Michigan wunderschön. Herbstfarben überfluteten die Landschaft durch die Blätter, die nach ihrer Farbenschau sanft zu Boden glitten.

Freddies neues Auto ermöglichte es der Familie, eine neue Kirche in Zeeland Michigan zu besuchen. Aber auch diese Kirche erfüllte nicht Freddies Erwartungen an eine wahrhaft spirituelle Umgebung. War der Grund dafür einfach, dass Menschen fehlbar sind und unmöglich die Christen sein konnten, von denen Freddie hoffte, dass sie sie sein würden? Er war sich seiner eigenen Unzulänglichkeiten bewusst. Daraus müsste man doch folgern, dass andere auch nicht der Herrlichkeit Gottes gerecht werden könnten.

Jeden Sonntag stand eine alte ledige Frau in der Vorhalle der Kirche und überprüfte jeden "Sünder" der in die Kirche eintrat. Es war so eine penetrante Musterung, dass es selbst die selbstbewussteste Person dazu gebracht hätte, an ihrem eigenen Selbstwert und Aussehen zu zweifeln.

Gerda fühlte sich unbehaglich durch diese stechenden, beurteilenden Augen, die ein Loch durch alle, die vorbeigingen, zu bohren schienen. Aber was später geschah, war noch bedenklicher.

Als Adelheid noch klein war, ging sie einmal zu ihrer Mutter um mit ihr zu reden. Gerda spürte sofort, dass ihre Tochter zutiefst beunruhigt war.

"Was ist denn, Adelheid?" fragte sie das Kind und setzte sich neben sie.

"Mama, jede Nacht wenn ich schlafen gehe", fing Adelheid zu erklären an, "bitte ich Jesus darum, mich zu retten!"

Sie schien aufgelöst und fuhr fort: "Meine Lehrerin in der Sonntagsschule sagt, wenn wir nicht gerettet sind, werden wir, wenn wir sterben, alle in die Hölle kommen! Und dort werden wir auf ewig brennen! Ich habe solche Angst! Meinst du, dass ich in die Hölle komme?"

"Ach, mein armes süßes Kind", antwortete Gerda während sie Adelheid in die Arme schloss und drückte. "Mach' dir doch keine Sorgen. Der liebe Gott liebt alle kleinen Kinder! Wenn Kinder sterben, holt Er sie zu sich in den Himmel. Wenn du nachts schlafen gehst, wacht Gott über dich und Fenni. Geh' unbesorgt schlafen. Du brauchst keine Angst zu haben."

Adelheid schien sich zu beruhigen. Doch Gerda dagegen spürte wie ihr eigenes Blut zu kochen anfing. Wie konnten diese sogenannten Christen gedankenlos kleine Kinder so traumatisieren? Ihre Kinder konnten nachts nicht schlafen, aus Angst in die Hölle zu kommen!

Ihrer Meinung nach war dieses Gerede eine Form psychischen Kindesmissbrauchs. Sie hoffte, ihr Kind würde sich bald von diesen furchtbaren Gedanken befreien können und keine dauerhaften negativen Auswirkungen davon haben.

Sie war wütend. Ohne mit Freddie darüber zu reden, entschied Gerda genau in diesem Moment, dass Freddie weiterhin diese Kirche besuchen könnte. Sie würde während des Gottesdienstes künftig zu Hause bleiben.

*

Wieder einmal war es Mitternacht geworden und ihre Schicht im Krankenhaus war vorbei. Gerda ging zum Eingang des Krankenhaus, wo Freddie normalerweise im Auto auf sie wartete. Ihre Augen suchten den Parkplatz ab. Kein Freddie. Sie wartete fünf, dann zehn, schließlich zwanzig Minuten. Er musste wohl zu Hause eingeschlafen sein.

Es war eine eiskalte Nacht. Die Schneepflüge waren da gewesen, denn der Schnee war hoch an den Rändern der Bürgersteige und Straßen aufgehäuft. Gerda hatte keine Münzen dabei, mit denen sie hätte telefonieren können. Und es war sonst niemand im Foyer. Es gab keine andere Möglichkeit, als die Meile nach Hause zu Fuß zu gehen.

Die Nacht war einsam als sie durch den Schnee stapfte. Immer wieder schnitt ihr der eisige Wind ins Gesicht. Plötzlich wurde sie von Traurigkeit überwältigt. Sie fühlte sich verlassen. Dieses Land bot niemandem einen Topf voll Gold am Ende des Regenbogens, wie mancher Einwanderer sich das erträumt hatte. Ihre Familie war innerhalb dieser holländisch-amerikanischen Gemeinschaft isoliert, denn mancher Einwohner dieser Stadt hegte infolge des Zweiten Weltkrieges Groll gegen Deutsche. Das professionelle Selbstvertrauen, das sie in Deutschland gehabt hatte, wurde langsam weniger. Ihre persönliche Beziehung zu den Familienmitgliedern hier in Holland hatte sie fast zerstört, währenddessen ihre eigene Familie in Deutschland über ihre Abwesenheit trauerte.

Der Schnee knirschte unter ihren weißen Krankenhausschuhen. Ohne Schneestiefel war sie total unangemessen angezogen. Der peitschende Wind ließ nicht nach. Plötzlich kamen die Tränen, die nicht nur ihre Sicht sondern auch ihre Gedanken trübten.

Sie dachte an Menschen, deren Herzen so bitterkalt waren wie der Michigan-Winter. Wo auf der Welt gab es die Güte, über die in den Kirchen gesprochen wurde? Ganz im Gegenteil - einige Leute schwelgten in dem Versagen anderer. Wo blieb da die christliche Liebe? Gerda fühlte sich unterlegen, verlassen, einsam. Negative Gedanken rasten durch ihren Kopf: Eine Ehefrau aus zweiter Hand... ihre Schwesternhaube, die nie wieder getragen werden sollte... nur eine kleine Schwesternhelferin... ist das das Kind?... Fenni müsste doch in eine Irrenanstalt eingeliefert werden!

Fritz, warum musstest du mich verlassen? Ich habe dich doch so sehr geliebt!

Endlich hatte sie das Haus erreicht. Ein leichter Schnee bedeckte ihr Haar und ihre Schultern. Als sie ins Haus eintrat, wachte Freddie auf und hörte ihr gedämpftes Schluchzen. Plötzlich war ihm bewusst, dass er verschlafen und versäumt hatte, Gerda abzuholen. Er schoss aus dem Bett und lief zu ihr.

"Oh, nein, Gerdi!" sagte er reuevoll, "es tut mir so leid!"

Aber es war vergebens. Gerda war in einen emotionalen Abgrund geraten, aus dem sie sich nicht so schnell würde retten können. Nicht mehr vernünftig denkend, verwandelte sich ihre Traurigkeit in Wut. Freddie wurde zum Sündenbock.

"Wie kannst du mich vergessen, wenn das Wetter so schlecht ist?" heulte sie verzweifelt. Der schmelzende Schnee tropfte von ihrer Kleidung, als sie da so in der warmen Küche stand. "Ich bin dir egal! Du willst nur, dass ich arbeiten gehe! Du nutzt mich aus! Das ist alles. Ich bedeute dir nichts!"

Verzehrt vor Wut öffnete Gerda die Küchenschranktüren, griff nach dem nächstbesten Porzellan, das sie in die Finger bekommen konnte und warf das Geschirr ungestüm auf den Boden. Inmitten des Porzellankrachens schrie sie: "Wie konntest du mich zu diesem gottverlassenen Ort bringen? Ich habe niemanden hier! Du hast mich meiner Familie beraubt. Ich will zurück zu meinem Vater und Tante Dina!"

Sie brach zusammen und sank auf den Boden. "Ich war in meinem Leben noch nie so unglücklich! Ich möchte einfach sterben", schluchzte sie.

Freddie hob sie hoch, nahm sie in seine Arme und sagte ihr hilflos: "Es tut mir so leid, Gerdi. Ich wünschte, ich könnte alles ändern und dich glücklich machen."

In dieser Nacht, als sie im Bett lagen und die tiefe Dunkelheit der Nacht sie umgab, weinte Gerda leise in Freddies Armen. Der Schlaf traf langsam ein und irgendwo, zwischen Bewusstsein und Traum, schrie ihre Seele klagend zu Gott:

Adelheid Holthuis

Laßt mich gehn, laßt mich gehn,
dass ich Jesum möge sehn;
meine Seel ist voll Verlangen,
ihn auf ewig zu umfangen
und vor seinem Thron zu stehn.

Gustav Knak, (1806-1878)

Dies kennzeichnete einen Wendepunkt in ihren Leben. Gerda lächelte von da an immer weniger.

*

Unsere kleine Holthuis-Familie war nun, zum Guten oder zum Schlechten, fest in die U.S.A. verpflanzt. Eine dauerhafte Rückkehr nach Deutschland war nun endgültig ausgeschlossen. Sie hatten ein gemütliches Haus. Freddie und Gerda arbeiteten beide und verwalteten das bisschen Geld, das sie verdienten, sehr gut. Die Mädchen waren gute Schülerinnen und hatten nette Bekannte. Für Außenstehende schien es, als hätte diese kleine Einwandererfamilie keinen Grund zur Klage.

Jedoch war Gerda eine kompliziertere Person. Ihr Glück war nicht von dem materiellen Reichtum, den sie in den U.S.A. ansammeln konnte, abhängig. Sie war entwurzelt und verpflanzt worden. Neue Wurzeln zu schlagen war schmerzhaft und dauerte seine Zeit.

Sie waren während der ersten vier Jahre ihres amerikanischen Lebens ziemlich isoliert geblieben. Arbeit, Schule und Erfüllung ihrer täglichen Bedürfnisse brauchten ihre Tage auf. Sie kamen weder oft mit anderen Leuten zusammen noch gab es nen-

nenswerte Erfahrungen, die sie außerhalb des Hauses gebracht und so ihren Horizont erweitert hätten.

Ohne eigenes Verschulden führten sie eine Existenz in einer sehr begrenzten Sphäre. Gerda und Freddie waren sich der Möglichkeiten und Chancen, die ihnen offenstanden, nicht bewusst. Außerdem gab es ein Zögern, Risiken einzugehen. Sie hatten in der Vergangenheit so schwer gearbeitet und waren nicht bereit, das zu verspielen und zu verlieren, was sie so mühevoll errungen hatten.

Gerda konnte sich nicht damit abfinden, dass das Leben in der Neuen Welt sie nicht zufriedenstellte. Was entschädigte sie für das Opfer das sie brachten, indem sie das Leben in Deutschland aufgaben? Was entschädigte sie für den Verlust einer Lebensweise, von den Bräuchen, die sie genossen hatten und auf die sie sich freuten? Was würde den Verlust der Familie ausgleichen?

Es müsste doch etwas geben, was die Einwanderung in die U.S.A. lohnenswert machte! War die ganze Auswanderung sinnlos gewesen? Hatten sie alles ihnen Wichtige aufgegeben, nur um ein Haus und ein Auto zu erwerben?

Nein, folgerte Gerda nach langem bewussten Nachdenken. Es würde keine sinnlose Einwanderung bleiben. In den U.S.A. gab es (wenn auch nicht für Gerda und Freddie selbst) Möglichkeiten für ihre Töchter – Möglichkeiten, die für Familien der Mittelklasse mit niedrigem Einkommen leichter zugänglich waren als in Deutschland.

Ja, ihre Töchter würden etwas aus sich machen. Sie würden

nicht nur heiraten und eine Familie gründen - oft das Einzige, was von Mädchen in Gerdas und Freddies begrenzter Umgebung verlangt und erwartet wurde. Viele dieser Menschen (einschließlich ihrer Verwandten) meinten, einem Mädchen ein Universitätsstudium zu erlauben, wäre eine Geldverschwendung!

Nein, entschied Gerda, ihre Mädchen würden beide studieren. Fenni würde, wie ihre Mutter, Krankenschwester werden. Und Adelheid wäre eine geborene Lehrerin.

Sie würden das Hope College besuchen, eine kleine Hochschule für Geisteswissenschaften in Holland. Es war ein angesehenes College. Die beiden Mädchen würden etwas aus sich machen und sich dadurch ein leichteres Leben sichern. Folglich wäre die Einwanderung der Familie in die U.S.A. nicht umsonst gewesen. Adelheid und Fenni würden erfolgreich sein und ihre Eltern stolz machen!

Anfang 1959 war Adelheid zehn und Fenni sieben Jahre alt. Da Musik schon immer ein fester Bestandteil ihres Lebens war, fand Gerda, dass es wunderbar wäre, ein Klavier zu kaufen. (Sie konnten es sich in Amerika leisten!) Sie wollte den Mädchen eine zweite Chance geben, das Notenlesen und Musizieren zu lernen. Als sie dann eines Tages alle am Küchentisch saßen, sprach Gerda das Thema an.

"Würdet ihr zwei nicht gerne Klavierspielen lernen?" fragte sie. "Selbst wenn ihr nie die Kompetenz professioneller Pianisten erreicht, wäre das ein so wunderbares Hobby." meinte sie.

Sie stellte sich vor, wie sie sich alle im Wohnzimmer versammeln würden - die Mädchen am Klavier und Freddie mit

Mundharmonika und Gitarre. Sie könnten dann zusammen singen und musizieren!

"Natürlich, wenn ihr zustimmt, dass wir ein Klavier kaufen," fuhr sie fort, "müsst ihr beide versprechen, fleißig zu üben. Ein Klavier kostet viel Geld und wäre ein Opfer für Mama und Papa. Aber es wäre eins, das wir gerne für euch bringen würden."

"Oh ja", stimmten die Mädchen zu. Sie würden jeden Tag üben!

Gerda hatte ein Klavier von der Marke "Gulbransen" in einem Möbelgeschäft der Gegend gesehen. Es war aus Ahorn und hatte geschwungene Beine, einen Möbelstil, den Gerda liebte.

(Natürlich haben weder Freddie noch Gerda daran gedacht, dass es vielleicht angemessener gewesen wäre, ein Klavier in einem Fachgeschäft zu kaufen, wo sie vielleicht einen kompetenten musikalischen Rat bekommen hätten. Doch sie kannten sich in diesem Bereich nicht aus. Und außerdem gab es in Holland kein Fachgeschäft.)

Also kauften sie das kleine Klavier und Gerda fand eine Lehrerin, die zufällig an der Straßenecke wohnte. Die Mädchen gingen einmal in der Woche mit 2 Dollar in der Hand in ihre Klavierstunde. Und wie versprochen übten sie jeden Tag aus eigenem Willen. Sie wagten es nicht, nicht zu üben!

Und wie erwartet, genoss die Familie die zusätzliche Musik, die das Klavier möglich machte. Beide Mädchen machten gute Fortschritte. Und mit der Zeit wurde klar, dass vor allem Fenni sehr musikalisch war und ein außergewöhnliches Talent hatte.

*

In diesem fünften Jahr in den U.S.A. beschloss Freddie, dass sie - da sie niemals dauerhaft nach Deutschland zurückkehren würden - amerikanische Staatsbürger werden sollten. Gerda willigte ein. Es machte Sinn. Sie beantragten die amerikanische Staatsbürgerschaft.

Nachdem Freddie und Gerda sich auf die Geschichts- und Regierungsfragen vorbereitet hatten, mit denen sie geprüft werden sollten, fuhr die ganze Familie nach Grand Haven, der Kreisstadt, zu individuellen Interviews und Befragungen durch die Regierungsbeamten. Es war ein spannender und nervenaufreibender Tag für alle, besonders für Gerda. Würde sie alle Fragen richtig und angemessen beantworten?

Auf der Heimfahrt von Grand Haven war Gerda jedoch auffallend schweigsam.

"Geht's dir nicht gut? Du bist so still." fragte Freddie.

"Sie haben mich nach Fritz gefragt", antwortete Gerda. "Ich hatte die Ehe nicht im Antragsformular auf Einbürgerung angegeben."

Freddie zuckte innerlich zusammen, als er das hörte. Er wusste kaum etwas und die Mädchen überhaupt nichts über Gerdas Ehe mit Fritz. Sie war schon immer ein Tabuthema in der Familie gewesen. Freddie beendete die ihm unangenehme Unterhaltung mit den Worten: "Mach' dir deswegen keine Sorgen. Obwohl du nicht alles über deine Vergangenheit offenbart hast, hast du das Interview doch bestanden!"

Kurz danach fand die Einbürgerungszeremonie statt. Als sie wieder allein waren, wandte Freddie sich an Gerda und verkündete: "Du bist jetzt Amerikanerin!"

(Als minderjährige Kinder wurden Adelheid und Fenni automatisch mit ihren Eltern amerikanische Staatsbürger.)

*

Von da an nahm das Leben einen vorhersehbaren, stabilen Verlauf. Freddie und Gerda arbeiteten weiterin schwer - er in der Schraubenfabrik und sie im Krankenhaus. Da Freddie tagsüber und Gerda abends bis Mitternacht arbeitete, fanden sie nur am Wochenende füreinander Zeit. Und am Wochenende gab es Hausarbeit, Gartenarbeit und Einkaufen. Sonntag war Kirchentag. Viel Zeit um richtig Spaß zu haben blieb nicht übrig.

Die Mädchen wurden ermahnt, sich in der Schule anzustrengen und gute Schülerinnen zu sein.

"Lernt fleißig," sagte Gerda ihnen immer wieder, "damit ihr studieren könnt und nicht wie wir so schwer für so wenig Geld arbeiten müsst!"

*

Und so verschlangen die Wochen die Tage und die Monate die Wochen. Die Jahre wurden Teil der Geschichte. Und das Jahrzehnt nach 1960 brachte den Tod mit sich.

Im Jahr 1961 erlag Fenna dem Krebs. Gerda war für sie da. Sie tat alles, was sie konnte, damit Fenna während ihrer flüchtig vergehenden letzten Tage nicht mehr als nötig leiden musste. Gerda fragte sich, ob Fenna auf ihrem Sterbebett jemals Gewissensbisse dafür empfand, wie sie ihre Schwiegertochter und ihre Stiefkinder in der Vergangenheit behandelt hatte.

Adelheid Holthuis

Dann, 1968, starben beide Väter.

Hindrik starb im Juni an einem massiven Herzinfarkt. Man vermutete, dass er mit der Tatsache, dass seine dritte Ehe geschieden war, nicht fertig wurde. Die Kirche missbilligte Ehescheidungen und er hielt sich streng an die Kirchenregeln. (Nach dem Tod von Fenna heiratete er eine "Mail-Order"-Braut, die ihm total unbekannt war und von einem Verwandten in der Kirche in Nordhorn empfohlen wurde. Allerdings war sie eine willensstarke Frau, die sich seiner Kontrolle nicht beugen wollte, ein Phänomen, das er bis dahin nicht erfahren hatte.)

Gerdas Vater, Fritz, war immer bei bester Gesundheit gewesen und fuhr mit 82 immer noch Fahrrad. Er saß eines Tages mit seinen alten Bekannten auf einer Bank in Gildehaus und verstarb. Es war für Gerda ein harter und unerwarteter Schlag.

Die 1970er Jahre brachten den Mädchen Hochschulabschlüsse. Adelheid und Fenni waren pflichtbewusst gewesen und hatten Gerda nicht enttäuscht. Jede ihrer bemerkenswerten akademischen Leistungen wurde in der Holland-Zeitung für alle Leser hervorgehoben. Und jeder jeweils nacheinander folgende Artikel machte ihre Eltern stolz.

Adelheid erhielt ihre B.A. und M.A. in deutscher Literatur und Linguistik. Während ihrer Zeit am Hope College in Holland wurde sie in Phi Beta Kappa, einen angesehenen akademischen Ehrenverein, aufgenommen. Nach ihrem Master-Abschluss an der Universität Hawaii in Honolulu erhielt sie ein Fulbright-Stipendium, um mit einer Doktorarbeit an der Universität in Bonn zu beginnen.

Entwurzelt

Fenni absolvierte Magna Cum Laude mit einem B.Mus. vom Hope College als Pianistin. Nachdem sie auch ihren M.Mus. auf demselben Gebiet an der University of Michigan in Ann Arbor abgeschlossen hatte, war sie als Dozentin im Klavierunterricht an der Manchester University in Indiana und dann später an der Shenandoah University in Winchester Virginia tätig. Sie war eine versierte, vorzügliche Pianistin geworden.

Gerdas Ziel hatte sich nun verwirklicht. Ihr Opfer beim Verlassen Deutschlands war nicht umsonst gewesen. Die Mädchen hatten getan, was von ihnen erwartet wurde aus ihrer Eltern Perspektive von einer akzeptablen Welt.

*

Den meisten Menschen scheint es, dass mit zunehmendem Alter jedes Jahr schneller verläuft als das Jahr zuvor. So war es auch mit Gerda.

In den 1970er Jahren heirateten beide Mädchen. Sie hatten ihre zukünftigen Ehegatten in der Graduate School (nach dem ersten Universitätsabschluss) kennengelernt. In der Folge sollten sie nie wieder dauerhaft nach Holland in Michigan zurückkehren.

Die 1980er Jahre brachten Gerda und Freddie in den Ruhestand. Etwa zu der Zeit, als Freddie mit 65 Jahren in Rente ging, bekam er eine mysteriöse Autoimmunerkrankung, die, wie sich später herausstellte, am Anfang falsch diagnostiziert wurde. Er blutete sichtlich unter der Haut. Was nicht sichtbar, jedoch sehr schmerzhaft war, waren Blutungen an den inneren Organen. Wie nie zuvor widmete sich Gerda Freddie völlig und bedingungslos. Sein Wohlbefinden wurde ihr einziger Lebenszweck.

Freddies Krankheit erschwerte das Leben in dem kleinen Haus in Michigan. So konnte er unter anderem während des langen Winters nicht mehr auf das Dach klettern, um den schweren Schnee zu beseitigen.

Wenn er in einer schmerzhaften Krankheitsphase war, musste Gerda wieder alle Besorgungen zu Fuß machen. (Sie hatte einen Führerschein gemacht, aber fuhr ungern). Es war keine Kleinigkeit, eine Meile weit die schweren Lebensmittel tragend durch den Schnee zu gehen.

Also entschied das Paar, es sei an der Zeit, das kleine Haus in der Columbia Avenue zu verkaufen und nach San Antonio Texas zu ziehen, wo Adelheid und ihre Familie wohnten. Dort gab es keinen Schnee und Adelheid würde ihnen sicher helfen, wenn sie Hilfe bräuchten.

Also wurde das Haus verkauft, die Spedition holte ihre Möbel und anderes Hab und Gut ab, das neue Haus in Texas war gebaut und bereit für seine neuen Besitzer und Adelheid wartete auf sie. Freddie und Gerda verabschiedeten sich von Bekannten und Verwandten und traten die dreitägige Reise nach San Antonio an.

In Hochstimmung freuten sie sich über das bevorstehende neue Abenteuer. Und natürlich war der Weg nach Texas voller Gesang:

> Nun ade, du mein lieb' Heimatland,
> lieb' Heimatland, ade!
> Es geht jetzt fort zum fremden Strand,
> lieb' Heimatland, ade!

Entwurzelt

Und so sing ich denn mit frohem Mut,
wie man singet, wenn man wandern tut,
lieb' Heimatland, ade!

Altes Folkslied
Text: August Disselhoff

Adelheid Holthuis

Texas

Entwurzelt

Gerda war so glücklich mit ihrem neuen Haus! Es war doppelt so groß wie das Haus in Michigan und brandneu. "Ich hatte noch nie so ein schönes Haus," erzählte sie Adelheid.

Die folgenden Monate waren voller Euphorie. Freddie und Gerda waren damit beschäftigt, die neue Gartenanlage mit Bäumen, einem Rasen und natürlich Blumen in reicher Fülle anzulegen. An seinen guten Tagen arbeitete Freddie glücklich mit Gerda zusammen, um das Haus zu ihrem Zuhause zu machen - ein Zuhause, wo sie sich wohl und geborgen fühlen würden.

Gerda nähte Vorhänge, hängte Bilder auf - sowohl von der Familie, als auch von Gildehaus, ihrem Geburtsort, dem Ort, den ihr Herz nie verlassen hatte.

Adelheid war fast jeden Tag da. Das Leben hätte kaum besser sein können, wäre Freddie nicht krank gewesen.

Die neue Rheumatologin in San Antonio war von Freddies mysteriöser Krankheit verblüfft. Sie meinte, Gerda und Freddie sollten eine Reise in die Mayo Klinik in Minnesota machen, um eine richtige Diagnose zu bekommen. Beide stimmten zu.

Dort interessierten sich die Ärzte für Freddies seltene Krankheit. Sie machten Bilder für medizinische Fachzeitschriften von seinem mit schwarzen Flecken bedeckten Körper, verursacht durch die Blutungen unter der Haut. Ihre Diagnose: Purpura Schönlein-Henoch, eine Krankheit die normalerweise bei Kindern vorkommt. Aggressive Behandlung führt in der Regel zu einem positiven Ergebnis.

Für Freddie kam die richtige Diagnose jedoch zu spät. Eine Nierenschädigung war bereits eingetreten und innerhalb von zwei

Jahren nach dem Umzug nach San Antonio musste Freddie mit der Nierendialyse anfangen. Vielleicht würde Freddie sich jetzt etwas besser fühlen, hoffte Gerda.

Abgesehen davon, dass sie schrecklich zeitaufwändig war (Freddies Dialyse begann drei Mal pro Woche um sechs Uhr morgens und dauerte etwa sechs Stunden), hatte die Dialyse Nebenwirkungen und anhaltende Spätfolgen.

Da die Dialyse das einzige Mittel war, mit dem Flüssigkeiten aus seinem Körper entfernt werden konnten, musste Freddie die Flüssigkeitsaufnahme stark einschränken. Mit der Zeit brachte die Dialyse eine weitere, unvorhergesehene und noch verheerendere Konsequenz mit sich.

Die Dialyse begrenzte den Blutfluss zu seinen Extremitäten. Folglich begann Nekrose seine Hände und Füße anzugreifen. Wenn Gewebe abgestorben war, mussten regelmäßig kleine Teile seiner Finger und Zehen amputiert werden.

Es war schwer für Gerda, ihren Mann so leiden zu sehen. Sie kümmerte sich um ihn wie nie zuvor und wechselte jedes Mal, wenn er eine weitere Behandlung hatte, sorgfältig seine Verbände. Sie war extrem vorsichtig, dass alles, was seine Wunden berührte, steril war. Eine Blutinfektion konnte tödlich sein und Gerda wusste es.

Freddie war jetzt regelmäßig im Krankenhaus. Da seine Krankheit eine Autoimmunerkrankung war, war er sehr anfällig für Infektionen und andere Beschwerden.

Während eines seiner Krankenhausaufenthalte ging Gerda in sein Zimmer und stellte fest, dass eine Krankenschwester - ohne

sterile Handschuhe - Freddies Verbände schlampig wechselte. Gerda spürte wie die Wut in ihr wieder aufflackerte. Sie überfiel die Schwester wie ein Habicht auf der Suche nach Beute.
"Haben Sie nie steriles Verfahren gelernt?" griff Gerda die Krankenschwester an. "Sind Ihnen multiresistente Bakterien in Krankenhäusern etwa nicht bekannt?"

Abgesehen davon, dass sie um das Wohlergehen ihres Mannes besorgt war, tauchte der alte Schmerz in ihrem Herzen wieder auf. Sie, die gedemütigte Schwesternhelferin, hatte nie Anerkennung dafür bekommen, dass sie so viel wie die meisten in einem amerikanischen Krankenhaus tätigen Krankenschwestern wusste – wenn nicht sogar mehr.

Freddies Krankheit wurde schlimmer. Jedes Mal, wenn er Fieber hatte, wurde er ins Krankenhaus eingeliefert. Und dann fragte er sich, ob er überleben würde, bis er eines Tages, nachdem er wieder ins Krankenhaus eingeliefert worden war, Gerda ankündigte: "Nu sa'k wall starven." (Dieses Mal werde ich wohl sterben.)

Wie konnte er wissen, dass sein Tod unmittelbar bevorstand? Aber er wusste es. An einem Sommertag im Jahr 1999 starb Freddie. Obwohl sein Verlust für Gerda und die Mädchen unerträglich schmerzhaft war, fand Gerda eine seelische Ruhe. All das Leid, das er in den letzten Jahren erlitten hatte, war endlich vorbei. Freddie ruhte jetzt in den Armen des Herrn.

Bei seinem Begräbnis sangen die Gemeindemitglieder dieses feierliche Lied, was Freddie erfreut hätte, denn als Kind hatte er es schon immer gern mit seinem Bruder Heini gesungen:

Heilig, heilig, heilig, heilig ist der Herr!
Heilig, heilig, heilig, heilig ist nur er!
Er, der nie begonnen, er, der immer war,
ewig ist und waltet, sein wird immer dar.

Heilig, heilig, heilig, heilig ist der Herr!
Heilig, heilig, heilig, heilig ist nur er!
Allmacht, Wunder, Liebe, alles rings umher!
Heilig, heilig, heilig, heilig ist der Herr!

Franz Schubert, aus dem
Sanctus (Deutsche Messe)

*

Und was jetzt? Was würde aus Gerda werden? Sie war eine zarte Person, als Freddie diese Erde verließ. Die langen, mit Krankheit gefüllten Jahre hatten auch Spuren bei Gerda hinterlassen. Sie war auf eine Größe 36 geschrumpft, ein Schatten ihres früheren Ichs. Und obwohl sie ansonsten körperlich gesund war, hatte sie jetzt keinen Lebenszweck mehr.

Nicht lange nach Freddies Tod sah Adelheid Anzeichen von Demenz bei Gerda. Sie, die einst sorgfältige, perfekte Hausfrau, vernachlässigte ihr Haus und ihre Blumen. Sie begann stundenlang vor dem Fernseher zu sitzen. Adelheid fragte sich oft, ob ihre Mutter wusste, was sie sich ansah. Gerda vergaß zu essen. Und das Essen, das Adelheid ihr in den Kühlschrank gestellt hatte, vergammelte. Innerhalb von zwei Monaten hatte Gerda acht Kilogramm abgenommen. Einmal ließ sie draußen die Hausschlüssel im Türschloss stecken. Besorgt rief Adelheid Fenni, die in Virginia wohnte, an.

Was wäre, wenn ihre Mutter vergessen würde den Herd auszuschalten? Da Adelheid in Vollzeit arbeitete, war es ihr unmöglich, ständig auf Gerda aufzupassen. Die Mädchen beschlossen, dass Gerda nach Virginia ziehen sollte, um bei Fenni und ihrer Familie zu wohnen.

Fenni und ihr Ehemann Andy, ein Arzt, waren gerade dabei ein neues Haus zu bauen. Sie würden ein Schlafzimmer und ein Bad für ihre Mutter hinzufügen. Andy würde auch Gerdas medizinische Versorgung übernehmen. Sie wäre dann gut aufgehoben.

Während Fenni und Adelheid bewusst und nachdenklich Pläne schmiedeten damit Gerda sicher und gesund blieb, würde Gerda, ob bewusst oder unbewusst, ihren eigenen Weg gehen. Sie würde ihre eigene Reise antreten. Sie bereitete sich langsam darauf vor, Adelheid und Fenni zu verlassen. Es war eine Auswanderung einer anderen Art.

*

Adelheid und Gerda bestiegen das Flugzeug von San Antonio nach Virginia.

"Wohin fliegen wir?" fragte Gerda. "Zu Fenni", antwortete Adelheid. "Du wirst für einige Zeit bei Fenni bleiben."

"Mein Haus ist in San Antonio, oder?" fragte Gerda. "Ich werde danach zu meinem Haus zurückkommen, nicht?"

"Ja," antwortete Adelheid. Sie wollte nicht, dass ihre Mutter in Panik geriet. Dann, nach ein paar Augenblicken, wurde dieselbe Frage erneut gestellt:

"Wohin fliegen wir?"

"Zu Fenni."

"Oh, zu Fenni", antwortete Gerda etwas ängstlich. Und so

setzte sich die Unterhaltung über die gesamte Dauer des Fluges
fort.

*

Während der wenigen Jahre, die in Fennis Haus folgten,
schien Gerda glücklich zu sein. Sie hatte ihr eigenes Schlafzimmer und Bad, hatte dreimal täglich nahrhafte Mahlzeiten und war
von einer liebevollen Familie umgeben. Sie nahm an Gewicht zu
und war zufrieden in ihrer vergesslichen Welt. Es gab auch bitter-
süße Momente.

Als sie eines Tages auf ihre Töchter wütend war, bat sie
Adelheids Mann um ein Zigarillo, obwohl sie noch nie in ihrem
Leben geraucht hatte. Adelheid und Fenni beobachteten sie er-
staunt. Bei dem ungewohnten Rauchen fing Gerda an zu husten.
Am nächsten Morgen bot ihr Schwiegersohn ihr höflich ein weite-
res Zigarillo an.

"Danke", antwortete sie freundlich auf das Angebot, "aber du
weißt doch, dass ich nicht rauche!"

Bei einer anderen Gelegenheit hatte Gerda vergessen, dass
Fenni und Andy verheiratet waren und dass sie in deren Haus
wohnte. Gerda fragte Fenni: "Wo werde ich heute Nacht schlafen?"

Fenni antwortete: "Mama, du wirst doch in deinem Zimmer
schlafen!"

"Und wo wirst du schlafen?" fuhr Gerda fort.

"Ich werde mit Andy schlafen", antwortete Fenni ein wenig
überrascht über die Frage.

"Was?!" rief Gerda entsetzt: "Du schläfst mit Andy?"

Fenni ahnte nun, was ihrer Mutter durch den Kopf ging.

"Mama, Andy und ich sind verheiratet!" versicherte Fenni ihr.

Es gab auch traurige Momente, als Gerda sich zum Beispiel nicht mehr daran erinnerte, wer ihre Enkelkinder waren. Aber bis zum Ende ihres Lebens hat sie Adelheid und Fenni nie vergessen und ihnen immer wieder gesagt, wie sehr sie sie liebe. Sie hat die Fähigkeit des Sprechens nie verlernt.

Anfang Mai 2010 hatte Gerda einen massiven Schlaganfall. Wider Erwarten litt sie weder an Lähmungen noch an sichtbaren Nachwirkungen. Einer ihrer Enkel war an ihrer Seite, als sie wieder zu Bewusstsein kam.

"Oh, Oma", sagte Josh, erleichtert, dass Oma aufgewacht war, "du hast uns erschreckt!"

"Warum denn?" fragte Gerda. "Bin ich krank?"

Die folgende Woche war die letzte ihres Lebens. Und es ist etwas Erstaunliches passiert.

Während einiger bewusstseinsklarer Momente durchbrach ein kleines Licht die Dunkelheit ihrer Demenz und sie enthüllte das bedeutungsvollste Geheimnis, das sie den größten Teil ihres Lebens mit sich getragen hatte.

Als Fenni an ihrem Bett saß, erzählte Gerda: "Weißt du, Fenni, bevor ich Papa kennengelernt habe, war ich verheiratet. Er hat mich ‚Frauchen', genannt. Ich habe ihn so sehr geliebt!" Sie fuhr langsam fort: "Später lernte ich dann Papa kennen. Er war auch ein guter Mann."

Am 10. Mai 2010 tat Gerda ihren letzten Atemzug. Die Demenz, die mit der Zeit langsam alle Erinnerungen in ihrem Gehirn ausradiert hatte, konnte das Feuer, das für Fritz in ihrem Herzen ewig gebrannt hatte, nicht auslöschen. Im Gegenteil, die Demenz erlaubte ihr, das Glück und die Hoffnung wieder zu spüren, die sie in den Träumen ihrer Jugend erlebt hatte. Ihr Leben endete dort, wo es begonnen hatte, mit ihrer unsterblichen Liebe zu Fritz. Sie war das einzig Dauerhafte. Wie die goldenen Eheringe, die beide getragen hatten, hatte ihre Liebe keinen Anfang, kein Ende.

Die Demenz bot ein Kontinuum, durch das sich das Glück der Vergangenheit mit dem jenseits des Todes verband. Und der Tod erlaubte den Übergang in eine "heile Welt", die auf dieser Erde für sie niemals existiert hatte.

Gerda wurde neben Freddie in San Antonio zur Ruhe gelegt. Ihre Beerdigung war klein und privat. Ein letztes Mal sangen Adelheid und Fenni für sie:

> So nimm denn meine Hände und führe mich
> bis an mein selig Ende und ewiglich.
> Ich mag allein nicht gehen, nicht einen Schritt:
> wo Du wirst gehn und stehen, da nimm mich mit.
>
> Wenn ich auch gleich nichts fühle von deiner Macht
> du führst mich doch zum Ziele auch durch die Nacht:
> So nimm denn meine Hände und führe mich
> bis an mein selig Ende und ewiglich.

Text: Julie Hausmann

*

Gerda und Freddie in den Dünen vom Michigansee

Adelheid Holthuis

Epilog

Fritz Degen wurde auf einem Friedhof in Wurzen, der den gefallenen deutschen Soldaten des Ersten und Zweiten Weltkriegs gewidmet war, beigesetzt. Nach der Gründung der DDR wurden alle Gräber eingeebnet und der Friedhof wurde zu einem Park umgewandelt.

2013 suchten mein Mann und ich den Friedhof. Wir fanden den Park, in dem die sterblichen Überreste zahlloser Soldaten (darunter auch Fritz Degen) bestattet sind. Aber es gab weder sichtbare Beweise für sein Grab noch einen Grabstein.

Danksagung

Unermesslicher Dank gilt Timo Härtel aus Villingen der die deutsche Fassung meines Buches akribisch bearbeitet hat. Bei der für mich belastenden Übersetzung hob er meine deutschen Sprachkenntnisse auf ein dem deutschen Leser angemessenes Niveau. Zusätzlich bemühte er sich ganz gezielt den Sinn der originalen englischen Ausgabe und damit meine Gedanken zu bewahren.

Einen vom Herzen lieben Dank auch an meinen Mann durch dessen fortwährende Unterstützung ich mich begleitet fühlen durfte. Ohne dessen Geduld hätte ich nicht in die Einsamkeit verschwinden können, um dieses Buch zu schreiben.

Zu guter Letzt danke ich meiner treuen liebevollen Schwester Fenni, die unzählige Stunden mit mir am Telefon verbracht hat, um die beschriebenen Ereignisse zu besprechen.

Anmerkungen

1. Namen, von einem Sternchen (*) gefolgt, wurden geändert.
2. Stammbaum-Tabellen enthalten nur die Namen der in diesem Buch erwähnten Personen.

Adelheid Holthuis

Reformierte Kirche in Gildehaus

Entwurzelt

Jeuring Familie

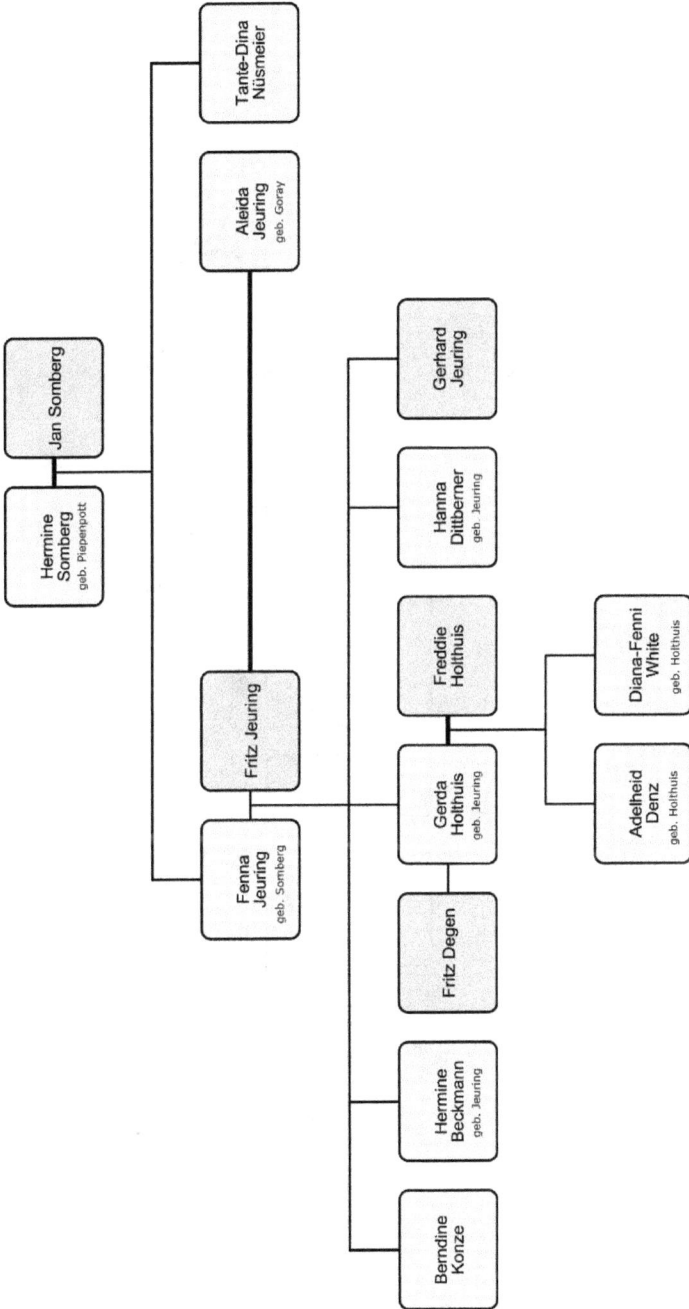

Holthuis Familie

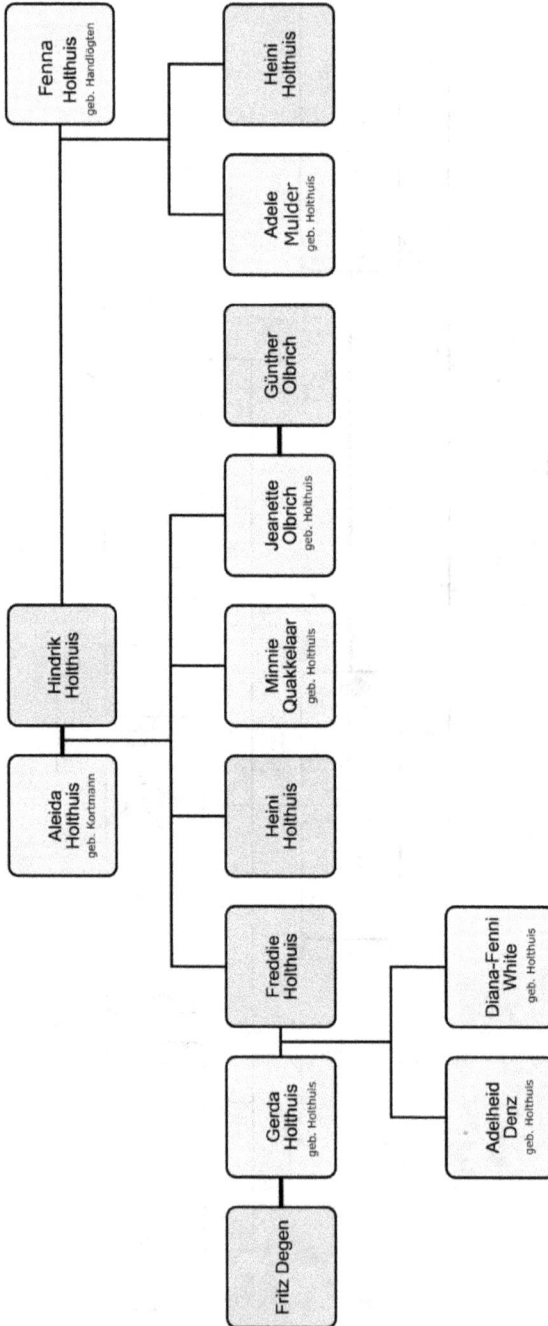

Entwurzelt

Kortmann Familie

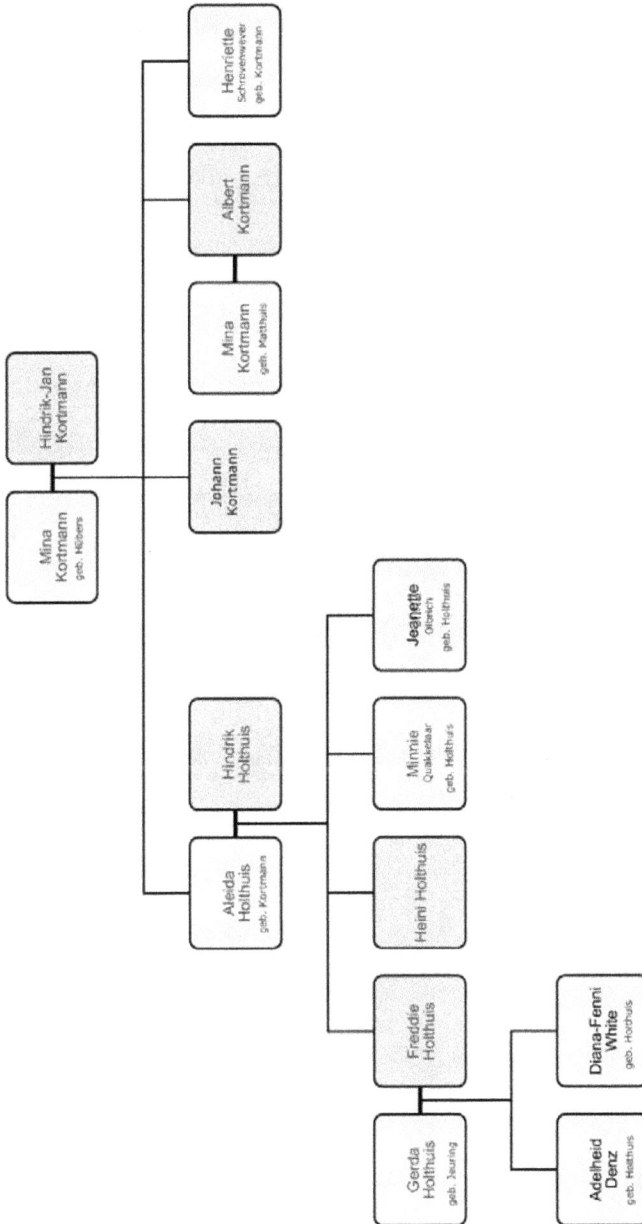

215

www.ingramcontent.com/pod-product-compliance
Lightning Source LLC
Chambersburg PA
CBHW062053270326
41931CB00013B/3062